AUTHENTISCH

JAPANISCH

AYA NISHIMURA
FOTOGRAFIEN VON LISA LINDER

AUTHENTISCH JAPANISCH

100 Rezepte aus der japanischen Familienküche

DK

INHALT

EINLEITUNG

Die japanische Küche gilt als ausgesprochen schwierig. Viele glauben, man würde mehrere Jahre benötigen, um ihre Geheimnisse zu ergründen. Das mag für bestimmte Spezialitäten auch zutreffen. Doch die Gerichte, die die Japaner bei sich zu Hause zubereiten, sind viel einfacher und schnell fertig. Sie sind darüber hinaus sehr gesund. Es ist eine Küche, die sich ohne großen Aufwand auch in Ihren Alltag integrieren lässt. Denn die meisten Gerichte sind mühelos zubereitet, sofern man einige frische Lebensmittel und einfache Würzzutaten wie Sojasauce, Miso, Reisessig, Zucker, Salz, Sake, Dashibrühe und Mirin zur Hand hat. Andere Gewürze werden hingegen selten verwendet – die japanische Küche beruht weitestgehend auf der Verbindung dieser acht Würzzutaten in unterschiedlichen Mengen und der Kombination mit frischen Lebensmitteln.

Die japanische Küche ist vor allem schlicht. Man benötigt weder komplizierte Techniken noch seltene Zutaten. Aus einer einfachen Mahlzeit wird ein köstliches und außergewöhnliches Gericht, indem nur sehr frische Zutaten und selbst gemachte Würzzutaten eingesetzt werden. Und durch die Aufmerksamkeit auf jedes einzelne Detail und auf die Zubereitung der Produkte. Genau diese Haltung gegenüber dem Essen ist es, die das ganze Geheimnis der japanischen Küche ausmacht.

In diesem Buch geht es um die authentische, japanische Küche mit ihren schnellen und einfachen Gerichten, die in Restaurants nur selten zu finden sind. Es stellt Ihnen die beliebtesten Gerichte wie *ramen, gyoza, teriyaki* und *tonkatsu* vor. Zu ihnen gehören unter anderem gegrillte Paprikaschoten mit Bonitoflocken, frittierte Gemüsekrapfen, frittierter Tofu und Sesampastete.

So gesunde Zutaten wie Tofu oder Miso werden zu Ihren täglichen Begleitern werden – wie zum Beispiel in Misosuppen, in mit Miso mariniertem Fisch oder, wenn es etwas westlicher sein soll, in Tofusalat mit Kirschtomaten oder in mit Miso karamellisiertem Tofu-Käsekuchen.

Ich löse für sie auch das Rätsel, wie man eine *teriyaki-* oder *tonkatsu*-Sauce, Würzen auf der Basis von Miso, *shichimi togarashi* (Siebengewürzepulver) und auch *furikake* selbst herstellt. Sie sind unerlässlich, da gerade sie den Gerichten ihren typisch japanischen Geschmack verleihen. Da sie keine Konservierungsstoffe enthalten, sind sie viel gesünder als fertig gekaufte Saucen und Würzzutaten.

Ich wünsche Ihnen viel Freude bei der Entdeckungsreise durch die einfache, geschmackvolle und gesunde Küche. Bauen Sie sie in Ihren Alltag ein oder genießen Sie sie an Wochenenden mit Freunden und Familie.

KULINARISCHE LANDKARTE

01. HOKKAIDO

Die zweitgrößte Insel des Landes ist für ihre großen Naturschätze und Skigebiete bekannt. Die Spezialitäten: *Ramen*-Nudeln mit Butter und Miso, Sushis wie auch Fisch und Krustentiere (Lachs, Krabben, Seeigel, Jakobsmuscheln).

02. AKITA

Der Norden der Insel Honshu wird wegen seiner Thermalbäder, *onsen*, geschätzt. Aus dieser Region stammen hochwertiger Reis, Sake, *kiritanpo nabe* (eine Art Eintopf) und die Nudeln *inaniwa udon*.

03. TOKYO

Die Hauptstadt Japans zählt zu den größten Metropolen der Welt. Die Spezialitäten: *Nigiri sushi* (hier findet sich ihr Ursprung) und *chanko nabe* (traditionelles Fondue der Sumoringer).

04. SHIZUOKA

Die Stadt ist für ihre *onsen* bekannt, aber auch für ihre Aalgerichte wie *unaji* (auf Holzkohle gegrillter Aal), ihre Zucht- und Wildaale, die Teeproduktion und ihr frisches Wasabi.

05. KYOTO

Die alte Hauptstadt Japans hat sich mit ihren Pickles, wie *senmaizuke, shibazuke und suguki*, einen Namen gemacht. Aber auch frischer, gekochter oder frittierter Tofu und *ganmodoki* gehören zu ihren Spezialitäten. Beliebt sind hier auch *kappo ryori* (ein Menü zu einem Fixpreis, das der Koch direkt vor den Gästen zubereitet), *wagashi* (traditionelle Süßspeisen), *saba sushi* (Makrele) und *saikyo miso* (weißes, süßliches Miso). Die Region um Kyoto verfügt außerdem über die landesweit größten Plantagen für grünen Tee.

06. OSAKA

Gute Straßenküche ist ein Markenzeichen dieser lebhaften und einladenden Stadt. Die Spezialitäten: *okonomiyaki* (herzhafte Pfannkuchen) und *takoyaki* (Oktopusfrikadellen). Besuchen Sie unbedingt die *kushikatsu*-Restaurants (panierte Spieße) in der Nähe von Shinsekai.

07. HYOGO

Diese weltoffene Hafenstadt ist vor allem für ihr Koberind bekannt, aber auch für *akashiyaki* (Oktopusfrikadellen in Dashibrühe) und eine große Vielfalt an Meeresfrüchten und Fisch (Dorade, Oktopus und Austern).

08. KAGAWA

Die Präfektur auf der Insel Shikoku ist die kleinste des Landes, sticht aber durch ihre wunderschöne Natur und ihre reiche kulinarische Tradition hervor. Die Spezialität: *sanuki udon*. Die Nudelhersteller unterhalten kantinenartige Restaurants, in denen sie hausgemachte Nudeln zu günstigen Preisen servieren.

09. HIROSHIMA

Dies ist die größte Stadt im Westen der Insel Honshu. Die Spezialitäten: *okonomiyaki* (herzhafte Pfannkuchen) nach Art von Hiroshima sowie frische Austern.

10. YAMAGUCHI

Gerichte mit *fugu* (Kugelfisch) stehen in dieser Region im Vordergrund. Dieser tödlich giftige Fisch darf nur von hochqualifizierten Köchen, die eine entsprechende Lizenz dafür besitzen, zubereitet werden. Eine luxuriöse Delikatesse!

11. FUKUOKA

In dieser Stadt gibt es ein ganzes Viertel voller Straßenküchen. Die Spezialitäten: *Tonkotsu ramen* (Nudeln in einer reichhaltigen Schweinebrühe) und *karashi mentaiko* (Pollackrogen mit Chili).

12. OKINAWA

Sie ist eine der Hauptinseln Japans, doch sie liegt weitab und ist fast schon tropisch. Aufgrund ihres Klimas unterscheidet sich ihre Küche stark von der des restlichen Landes. Die beliebtesten Gerichte sind *okinawa soba* (Nudeln mit Schweinerippchen) und *chanpuru* (in Okinawa häufig mit Bittergurke zubereitet).

YAMAGUCHI
Gerichte mit fugu (Kugelfisch)

11.

FUKUOKA
tonkotsu ramen (Nudeln in reichhaltiger Schweinebrühe)

HOKKAIDO
Sushi und Krustentiere
01.
AKITA
kiritanpo nabe (Eintopfart)
02.
KYOTO
wagashi (traditionelle Süßspeisen)
TOKYO
Geburtsort der nigiri sushi
03.
HYOGO
Koberind
HIROSHIMA
okonomiyaki nach Art von Hiroshima
05.
04.
07.
06.
09.
10.
08.
SHIZUOKA
Teeplantagen
KAGAWA
udon-Nudeln
OSAKA
takoyaki (Oktopusfrikadellen)
N
W
O
S
OKINAWA
okinawa soba (Nudeln mit Schweinerippchen)
12.

FRISCHE PRODUKTE

01. TOFU (SOJAQUARK)

Tofu wird aus gemahlenen Sojabohnen hergestellt und gilt als sehr gesund. Er ist reich an Proteinen und Eisen, enthält aber nur wenig Kalorien. Tofu wird in einer großen Vielfalt angeboten: Weicher Seidentofu wird roh oder in einer Misosuppe zubereitet, fester Tofu lässt sich gut frittieren. Dieser frittierte, in dicke Scheiben geschnittene Tofu heißt *atsuage*. In dünne Scheiben geschnittener, frittierter Tofu wird hingegen als *aburaage* bezeichnet. Beide lassen sich gut einfrieren und sind ein guter Fleischersatz. Einmal geöffnet sollte Tofu mit Wasser bedeckt und im Kühlschrank aufbewahrt werden. Er hält sich 1–2 Tage.

02. FRÜHLINGSZWIEBEL

Die Frühlingszwiebel wird, vor allem als Garnierung, in der japanischen Küche häufig verwendet. Sie wird meist gehackt und über die fertigen Gerichte gestreut.

03. SHISO (PERILLABLÄTTER)

Dieses aromatische Gewürzkraut gehört zur Familie der Minzegewächse. Die Blätter können rot oder grün sein. Letztere sind handelsüblicher. Sie sind in japanischen oder asiatischen Lebensmittelläden erhältlich und werden verpackt oder frisch im Bund angeboten. Die grünen Blätter würzen kalte Gerichte und eignen sich gut für Tempura. Rotes *shiso* dient häufig zum Einfärben von Pickles.

04. INGWER

Ingwer findet in japanischen Gerichten häufig Verwendung. Er wird unter Pickles, Eintöpfe, Saucen und Dressings gemischt, aber auch in Süßspeisen und Torten. Fein gerieben dient er auch als Garnierung und gleicht den starken Duft von Fisch oder Fleisch aus. Eine glatte, frische Wurzel sollte immer einer trockenen oder alten vorgezogen werden.

Eine als *oroshiki* oder *oroshigane* bezeichnete japanische Reibe kann für die Verarbeitung von Ingwer nützlich sein. Sie ist im japanischen Lebensmittelladen oder über das Internet erhältlich.

05. DAIKON

Daikon ist ein länglicher, weißer asiatischer Rettich mit grünen Blättern. Er wird auch als *mooli* bezeichnet. Roh schmeckt er frisch und scharf. Gekocht wird er weich, leicht süßlich und zergeht im Mund. Man kann ihn köcheln oder reiben, mit etwas Sojasauce vermischt zu einem Omelett servieren oder zum Würzen verwenden.

Daikon sollte mit einer möglichst feinen Reibe vorzugsweise oder einem *oroshiki* (siehe oben) gerieben werden. Herkömmliche Käsereiben oder Mixer sind nicht fein genug. Das Fruchtfleisch sollte eher püriert als gerieben werden.

06. CHINAKOHL

Es handelt sich um eine asiatische Kohlart mit langen, blassgrünen Blättern und breiten Rippen. Beide sind weniger fest als bei anderen Kohlarten und schmecken im Allgemeinen frischer und etwas süßlich. Chinakohl ist eine wichtige Zutat der japanischen Küche und wird häufig für Gyozas, Suppen, Eintöpfe oder Gebratenes verwendet.

07. SHIITAKE

Shiitake ist ein nahrhafter Pilz. Er ist reich an Vitamin B und Mineralien. Frisch oder getrocknet bereichert er Gerichte durch einen Umamigeschmack. Die frischen Pilze werden für Schmorgerichte oder Tempuras verwendet. Getrocknete Shiitakes müssen vor der Verwendung in Wasser eingeweicht werden. Sie sind meist in vegetarischen Dashibrühen enthalten. Frische Shiitakes können durch getrocknete, eingeweichte Pilze ersetzt werden.

08. ENOKI, SHIMEJI, AUSTERNPILZ UND KRÄUTERSEITLING

In Europa sind viele verschiedene japanische Pilze erhältlich. Alle eignen sich hervorragend für Eintöpfe und Suppen. Der *enoki* ist ein weißer Pilz mit einem langen, schmalen Fuß. Er hat eine köstlich knackige Konsistenz.

Es gibt zwei *shimeji*-Sorten: eine braune und eine weiße. Auch Austernpilze und Kräuterseitlinge werden in der japanischen Küche häufig verwendet.

09. LOTUSWURZEL

Die Lotuswurzel gedeiht in Sumpfgebieten. Sie ist länglich und hat eine blass-beige, gelb getüpfelte Schale. An ihrem durchlöcherten Fruchtfleisch ist sie leicht zu erkennen. Es ist knackig und so fest wie Wasserkastanien. Die Lotuswurzel wird frisch als ganzes Gemüse oder tiefgefroren in Scheiben angeboten. Sie wird für Pickles, Eintöpfe und Tempuras eingesetzt oder zu Chips frittiert serviert.

10. NASHI

Diese asiatische Birne ähnelt einem blassgelben Apfel. Häufig wird sie nur geschält und roh gegessen. Diese Frucht ist saftig, frisch und knackig und duftet angenehm.

05.
04.
02.
06.
03.
07.
08.
10.
01.
09.

SAUCEN & DRESSINGS

01. SOJASAUCE

Sojasauce ist eine Grundzutat und die wichtigste Würzsauce in der japanischen Küche. Sie wird aus fermentierten Sojabohnen, Weizen, Salz, Salzlake und *koji*, ein natürlicher Schimmelpilz, hergestellt. Die drei wichtigsten Sorten sind die dunkle Sauce (*koikuchi*), die helle Sauce (*usukuchi*) und die *tamari*.

Die dunkle Sojasauce wird am häufigsten zum Kochen und für Saucen verwendet. Die helle Sauce ist salziger im Geschmack und wird daher nur für Brühen und Gerichte eingesetzt, die ihre helle Farbe bewahren sollen. *Tamari* ist weizenfrei und dient zum Würzen.

Die chinesische, dunkle Sojasauce schmeckt intensiver und eignet sich nicht für japanische Gerichte. Die hellen, in den Supermärkten erhältlichen Sojasaucen dagegen sind mit der dunklen, japanischen Sojasauce vergleichbar. Sie sind ein guter Ersatz, wenn Sie keine echte japanische Sojasauce beispielsweise von Kikkoman finden können.

02. ESSIG

Reisessig ist eine weitere wichtige Zutat in der japanischen Küche. Er entsteht durch die Fermentierung von Reis und hat einen milden, süßlichen Geschmack. Er wird zum Würzen von Pickles, Saucen und vor allem für Sushireis verwendet. Es gibt auch chinesischen Reisessig, der jedoch etwas saurer schmeckt. Ziehen Sie daher den japanischen Reisessig vor. Mitsukan ist die bekannteste japanische Marke.

Neben dem reinen Reisessig gibt es auch andere Sorten, wie Essig aus ganzen Reiskörnern und Getreideessig. Außerdem gibt es auch bereits gewürzten Essig, wie *sushi-su* (für Sushi), die bereits Zucker und Salz enthalten. Sie sind nicht mit reinem Reisessig zu verwechseln, da sie ganz anders schmecken.

03. MIRIN

Mit diesem süßen Reiswein wird in Japan gekocht, auch er gehört zu den japanischen Grundzutaten. Seine Süße ist subtiler als die des Zuckers. Traditioneller Mirin wird aus Reisschleim, *kome koji* (fermentierter Reis) sowie destilliertem Alkohol hergestellt und enthält keine zusätzlichen Süßstoffe. Es gibt allerdings auch mirin-ähnliche Würzen, die Zucker, aber dafür weniger Alkohol enthalten. Sie schmecken süßer.

Mirin verleiht Ihren Gerichten Süße und Umami. Außerdem eignet er sich durch seinen hohen Zuckergehalt auch zum Glasieren.

Auch wenn er als *sake* oder Reiswein bezeichnet wird, sollte man ihn besser nicht trinken. Können Sie keinen Mirin finden, ersetzen Sie ihn durch weißen oder braunen Zucker, allerdings nur ein Drittel der angegebenen Menge.

04. SAKE

Sake ist ein typisch japanisches Alkoholgetränk. Obwohl er als Reiswein bezeichnet wird, wird er wie Bier gebraut. Er verleiht Ihren Gerichten eine milde Süße und verstärkt ihr Aroma.

In den Supermärkten wird Sake zum Kochen angeboten. Dennoch ist es besser, einen hochwertigen Sake zum Trinken in Ihren Gerichten zu verarbeiten. Da das Aroma sich durch das Kochen verstärkt, sollten Sie sich für einen Sake entscheiden, der Ihrer Vorstellung und Ihrem Geschmack entspricht.

Sake als Getränk gibt es in unterschiedlichen Sorten. Manche werden kalt getrunken, andere warm. Mittlerweile ist das Angebot auch in Europa größer geworden. Fragen Sie Ihren Getränkehändler um Rat, um den Sake zu finden, der am besten zu Ihren Gerichten passt.

05. GERÖSTETES SESAMÖL

Geröstetes Sesamöl ist dunkler als herkömmliches Sesamöl und stärker im Geschmack. Das nicht sehr hitzebeständige Öl findet nur selten zum Kochen Verwendung und dient aufgrund seines vorzüglichen Dufts eher zum Aromatisieren fertiger Gerichte. Es genügen einige Tropfen zum Garnieren, um Ihrer Mahlzeit ein hervorragendes Aroma und Geschmack zu verleihen.

06. YUZUSAFT

Die *yuzu* ist eine kleine japanische Zitrusfrucht. Es werden meist nur Schale und Saft verwendet, als Frucht wird sie nur selten gegessen. Sie hat einen delikaten, aber intensiven Geschmack. Leider ist sie außerhalb von Japan nur selten erhältlich. Dafür aber gibt es in japanischen und asiatischen Lebensmittelläden Yuzusaft. Er wird in kleinen Flaschen angeboten und schmeckt, wie die Frucht, auch sehr intensiv. Ein Spritzer Saft ist für jedes Rezept ausreichend.

01.
02.
03.
04.
05.
06.
特選すし酢
内堀醸造謹製
獺祭
純米大吟醸
磨き二割三分
本
ゆず果汁
Oil

FÜR DIE SPEISEKAMMER

01. KATSUOBUSHI (BONITOFLOCKEN)

Katsuobushi ist getrockneter, geräucherter und fermentierter Bonito in Flocken, die es in Plastikbeuteln im Handel zu kaufen gibt. Er gehört zu den Grundzutaten einer Dashibrühe. Außerdem wird er über verschiedene Gerichte, wie *okonomiyaki* (herzhafter Pfannkuchen), Salate, Tofu und sogar über gedämpften Reis gestreut. Er sorgt für den Umami-Geschmack zahlreicher Gerichte.

02. KOMBU (GETROCKNETE ALGE)

Auch getrocknete Algen gehören zu den Grundzutaten einer Dashibrühe. Sie aromatisieren viele Gerichte, unter anderem auch Pickles. Diesen verleihen sie den Umami-Geschmack.

03. GETROCKNETE SHIITAKES

Getrocknete Shiitakes werden häufig in normale oder vegetarische Brühen gegeben und würzen sie mit ihrem betont erdigen Aroma. Sie können auch Eintöpfe, Misosuppen und andere Gerichte ergänzen.

04. DASHIPULVER/ DASHI IN TÜTCHEN

Im Handel gibt es auch sehr hochwertiges Dashipulver. Natürlich ist es dem industriellen Dashipulver vorzuziehen, doch man findet es nicht überall. So ist gewöhnliches Dashipulver immer noch eine gute Alternative. Es wird in kleinen Tütchen oder im Glas angeboten, aber auch in Stoffsäckchen mit ganzen Zutaten. Sie schmecken gut und sind sehr praktisch. Wählen Sie vorzugsweise Dashipulver in Bioqualität ohne Zusatzstoffe. Bereiten Sie die Brühe zu, wie auf der Verpackung angegeben.

05. SHICHIMI TOGARASHI

Obwohl Gewürze in der japanischen Küche nur selten Verwendung finden, steht diese Mischung oft auf den Tischen. Der Name bedeutet »sieben Gewürze«. Die Mischung dient zum Würzen von Nudelgerichten, Brühen oder *donburi* (Schüssel Reis mit weiteren Zutaten).

06. UMEBOSHI

Die *umeboshi* ist eine salzig marinierte Pflaume aus der Familie der Aprikosen. Sie wird ganz oder als Paste im Glas bzw. in der Tube angeboten. Aufgrund ihrer starken Säure und ihres hohen Salzgehalts wird sie häufig als Garnierung oder zum Abschmecken verwendet, allerdings nur in sehr geringen Mengen. Einmal geöffnet sollte das Glas im Kühlschrank aufbewahrt werden.

07. MARINIERTER INGWER

Marinierter Ingwer gehört als Beilage zu Sushis und erfrischt den Atem, passt aber auch hervorragend zu Tofu und Salaten. Traditionell wird er aus frischem Ingwer der Saison hergestellt, der als *shin shoga* (neuer Ingwer) bezeichnet wird. Er besitzt zahlreiche rosafarbene Sprossen, die ihm ihre Farbe verleihen, wenn er mariniert wird. Mittlerweile verdankt er seine rosa Farbe meist der Zugabe roter *shiso*-Blätter oder anderer Farbstoffe. Einmal geöffnet sollte das Glas im Kühlschrank aufbewahrt werden.

08. NORI

Mit dieser Alge werden Sushis zubereitet. Sie wird auch für *onigiri* (Reisbällchen) und zur Garnierung verwendet. *nori* werden als viereckige, getrocknete Blätter in Tüten angeboten.

Es gibt auch aromatisierte, rechteckige *nori*-Blätter, die sich perfekt für *onigiri* eignen. Sie sind in kleineren Tüten verpackt.

09. WAKAME

Diese getrocknete Alge muss man vor der Verwendung in Wasser einweichen, dann garniert man mit ihr Suppen oder Salate. Es gibt auch andere getrocknete Algenarten, wie *hijiki* und *arame*.

10. AONORIFLOCKEN

aonori sind kleine Flocken aus getrocknetem Seetang. Sie gehören zu einem guten *okonomiyaki* (herzhafter Pfannkuchen) und werden zum Aromatisieren über verschiedene Gerichte gestreut.

11. SUSHIREIS

Er enthält mehr Stärke als andere Reissorten und ist daher auch klebriger. So kann man ihn leichter mit Stäbchen essen. In Japan gibt es zahlreiche Reismarken und -hersteller. Probieren Sie ruhig unterschiedliche Marken und finden Sie so Ihren favorisierten Reis. Achten Sie dabei vor allem auf erntefrischen Reis der Saison (als *shinmai* wird der junge Reis bezeichnet).

Der kurzkörnige Naturreis *(genmai)* ist der gesündeste. Bevorzugen Sie unbedingt Bio-Reis, da normaler Reis häufig Pestizide enthält. Naturreis hat eine längere Garzeit als herkömmlicher Reis.

12. UDON

Diese dicken Weizennudeln sind vor allem in der Region um Kansai sehr beliebt. Der Handel bietet sie getrocknet, vakuumverpackt halbgetrocknet oder tiefgefroren an. Verwenden Sie vorzugsweise die tiefgefrorenen Weizennudeln. Sie behalten ihre weiche Konsistenz, haben aber dennoch Biss. Sie sind bereits nach einigen Minuten fertig gekocht.

13. SOBA

Auch diese Nudeln sind sehr beliebt. Sie sind gräulich oder hellbraun und werden aus Buchweizenmehl hergestellt. Einige Hersteller setzen auch Weizenmehl zu. Achten Sie aus diesem Grund auf 100 % Buchweizenmehl. Die Nudeln gibt es meist getrocknet im Handel zu kaufen.

FÜR DIE SPEISEKAMMER

14. PANKO (JAPANISCHES PANIERMEHL)

Dieses japanische Paniermehl ist knuspriger als herkömmliches Paniermehl und auch etwas fluffiger.

15. TONKATSU (SAUCE)

Hierbei handelt es sich um die japanische Version der Worcestersauce. Sie wird als *tonkatsu*-Sauce bezeichnet, weil sie zu dem gleichnamigen Gericht serviert wird. Die Saucen *okonomiyaki* und *yakisoba* sind ihr sehr ähnlich und schmecken fast gleich. Die *okonomiyaki*-Sauce ist etwas süßer, die *yakisoba*-Sauce hingegen etwas salziger. Diese Saucen werden zu *okonomiyaki* (herzhafte Pfannkuchen) und *yakisoba* (gebratene Nudeln) serviert.

16. WASABI

Wasabi ist eng mit unserem Meerrettich verwandt und sieht auch ähnlich aus. Die Knolle ist jedoch hellgrün. Wasabi schmeckt sehr intensiv und scharf wie Senf. Traditionell wird er als Würze verwendet und vor allem zu Sushis serviert.

Frischer Wasabi ist kaum erhältlich. Er wird meist als Paste oder Pulver angeboten. Ich empfehle die Paste, da sie intensiver schmeckt. Einmal geöffnet sollte sie im Kühlschrank aufbewahrt werden.

17. ZUCKER

Zucker ist als Zutat aus der japanischen Küche nicht wegzudenken. Meist handelt es sich um hellbraunen oder weißen Zucker. Der *kurozato* (schwarzer Zucker) ist in traditionellen Süßspeisen, den *wagashi*, und in Zuckersirup enthalten. *Kurozato* erinnert geschmacklich an Melasse, auch wenn diese aus Zuckerrohr hergestellt wird.

18. KATAKURIKO (STÄRKE AUS JAPANISCHEM HUNDSZAHN)

Die aus der Knolle des Japanischen Hundszahns *(Erythronium japonicum)* gewonnene Stärke wird als Verdickungsmittel verwendet. Sie können sie jedoch auch durch Kartoffelstärke ersetzen. Allerdings empfehle ich Ihnen für die Zubereitung von Sesamtofu (Seite 70) den echten *katakuriko*.

19. KLEBREISMEHL

Durch dieses Mehl entsteht ein weicher, geschmeidiger und elastischer Teig, aus dem man *mochi* (Reistörtchen) und andere Süßspeisen zubereiten kann.

20. SESAMSAMEN

Es gibt weißen und schwarzen Sesam. Der schwarze Sesam schmeckt intensiver. Beide Arten werden in der japanischen Küche häufig verwendet, sei es zum Garnieren, in Saucen oder auch für Desserts.

21. NERIGOMA (SESAMPASTE)

Nerigoma ähnelt der orientalischen Paste Tahina, wird aber anders als letztere aus ungeschälten Sesamsamen hergestellt. Es gibt darüber hinaus auch *nerigoma*, die aus schwarzen Sesamsamen zubereitet wird.

22. MATCHA (GRÜNES TEEPULVER)

Matcha ist ein feines Pulver aus grünem Tee, der speziell zu diesem Zweck angebaut wird. *matcha* erfreut sich mittlerweile immer größerer Beliebtheit und wurde jüngst als Superfood eingestuft. Es wird für Süßspeisen und japanische Torten verwendet, aber auch zur Garnierung von Soba-Nudeln.

Einmal geöffnet sollte das Pulver in einem verschließbaren Behälter im Kühlschrank aufbewahrt werden.

23. HOJICHA (GERÖSTETER GRÜNER TEE)

Durch die Röstung verringert sich das im Tee enthaltene Teein und die Blättwer werden braun. Der geröstete Tee hat ein waldiges Aroma und einen leichten Karamellgeschmack. Dank seines geringen Teeingehalts und eines moderaten Preises wird *hojicha* (der auch als *bancha* bezeichnet wird) in Japan häufiger getrunken als der grüne Tee.

24. KINAKO (GERÖSTETES SOJABOHNENMEHL)

Diese gerösteten und zu Pulver zermahlenen Sojabohnen verleihen japanischen Süßspeisen einen besonderen nussigen Geschmack.

MISO – DIE MAGISCHE PASTE

Miso ist eine traditionelle Würzpaste, die aus der japanischen Küche nicht wegzudenken ist. Sie verstärkt die Aromen Ihrer Gerichte und fügt den Geschmack Umami hinzu. Miso ist eine Paste aus fermentierten Sojabohnen, Reis, Gerste und anderen Getreiden, Salz, Wasser sowie *koji (Aspergillus oryzae)*, einem Schimmelpilz, der sich auf Reis, Sojabohnen und anderen Getreiden bildet, wenn sie gedämpft werden. Bei der Herstellung von Sojasauce und alkoholischen Getränken, wie Sake oder *shochu* (jap. Schnaps), ist er von großer Bedeutung.

Die Herstellung von Miso ist in Japan eine hochgeschätzte Tätigkeit, in etwa vergleichbar mit der Produktion von Käse oder Wein in Europa. Im ganzen Land gibt es Tausende von Herstellern dieser traditionellen Würzpaste.

Miso gibt es in unzähligen Variationen, ebenso wie es im Westen eine enorme Vielfalt an Käsesorten gibt. Farben und Konsistenzen variieren je nach Marke und Hersteller.

Diese Unterschiede entstehen durch die Länge der Fermentierung sowie durch die Verwendung unterschiedlicher Zutaten. Eine längere Fermentierung verleiht dem Miso eine deftigere und komplexere Note, während kürzer fermentiertes Miso milder und leicht süßlich schmeckt.

Weißes Miso ist in Japan am populärsten und am weitesten verbreitet. An zweiter Stelle folgt das rote Miso, das fast ebenso häufig verwendet wird. Diese beiden, sehr vielseitigen Sorten werden in hiesigen Supermärkten am häufigsten angeboten.

Es empfiehlt sich, das Miso in einem gut verschließbaren Behälter im Kühlschrank aufzubewahren. Miso ist meist nicht pasteurisiert und enthält eine bestimmte Menge an wertvollen Mikroorganismen, Nährstoffen und Enzymen, die auf Wärme empfindlich reagieren.

Es wird meist am Ende der Kochzeit zugegeben, so auch bei der Suppe gleichen Namens.

01. AKA MISO (ROT)

Zutaten: Reis und Sojabohnen

Aussehen: karamell oder rotbraun

Geschmack: aromatisch, säuerlich, nussig mit einer leichten Karamellnote

Verwendung: Fleischmarinaden und Misosuppe

Fermentierung: mehr als 12 Monate

Herkunft: Norden und Kanto-Region

02. SHIRO MISO (WEISS)

Korrekt bezeichnet müsste es »gelbes Miso« oder *shinshu miso* heißen, um es von dem weißen, süßeren Miso zu unterscheiden.

Zutaten: Reis und Sojabohnen

Aussehen: Es ist nicht wirklich weiß, sondern eher gelb oder hellbraun.

Geschmack: mild, leicht süßlich mit einer salzigen Note

Verwendung: Fisch- und Gemüsemarinaden, Suppen und diverse Saucen

Fermentierung: mehr als 6 Monate

Herkunft: Region um Kansai

03. SAIKYO MISO (WEISS UND SÜSS)

Zutaten: hoher Anteil an Reis und Sojabohnen

Aussehen: hellbeige, sehr glatt und etwas cremiger als die anderen

Geschmack: mild, süß, leicht salzig, erinnert an Pudding

Fermentierung: 3 Monate

Verwendung: Marinaden, Misosuppe und Saucen

Herkunft: Kyoto

04. MUGI MISO (AUF GERSTENBASIS)

Zutaten: Gerste und Sojabohnen

Aussehen: bräunlich, leicht körnig

Geschmack: mild, süßlich und malzig

Fermentierung: 2–3 Jahre

Verwendung: Marinaden, Misosuppe und Eintöpfe

Herkunft: Kyushu, Shikoku, Westen von Chugoku

05. HATCHO MISO

Zutaten: nur Sojabohnen

Aussehen: dunkelbraun, fest

Geschmack: weniger süßlich, salzig, nussig und schokoladig

Verwendung: Saucen und Eintöpfe

Fermentierung: bis zu 3 Jahre

Herkunft: Präfektur Aichi

06. GENMAI MISO (NATURREIS)

Zutaten: Naturreis und Sojabohnen

Aussehen: rotbraun

Geschmack: nussig und schokoladig

Fermentierung: mindestens 2 Jahre

Verwendung: Misosuppen, Saucen, Marinaden und Dressings

Es gibt noch andere Miso-Sorten, wie beispielsweise Miso aus Azukibohnen oder Kichererbsen, doch sie sind in Japan nur wenig verbreitet. Das *miso awase* ist eine geschmacklich mildere Misomischung.

IZAKAYA, DIE JAPANISCHE BAR

KAKIAGE (JAPANISCHE KRAPFEN)

かき揚げ

***ERGIBT** 6 KRAPFEN* ***VORBEREITUNG** 20 MINUTEN* ***KOCHZEIT** 15 MINUTEN*

FRISCHE PRODUKTE

½ Zwiebel (etwa 100 g), gehackt

100 g Karotten, in dünne Stifte geschnitten

100 g kleine geschälte Garnelen

10 g glatte Petersilie, gehackt

AUS DER SPEISEKAMMER

750 ml Sonnenblumenöl

100 g abgegossene Maiskörner (aus der Dose)

2 EL Mehl, + 120 g, gesiebt

1 TL Backpulver

Meersalz

Diese japanischen Krapfen ähneln den indischen *bhaji*. Ihr Vorteil ist es, dass sie aus den verschiedensten Zutaten zubereitet werden können, wobei alle erdenklichen Kombinationen möglich sind. Probieren Sie diese Krapfen ruhig mit anderen Gemüsesorten (Wurzelgemüse sind immer eine gute Wahl) oder anderen Meeresfrüchten aus.

—

Das Öl in einem großen, tiefen Topf auf 180 °C erhitzen.

Zwiebel, Karotten, Garnelen, Petersilie und Mais in einer Schüssel mit 2 EL Mehl überziehen.

400 ml Eiswasser in eine große Schüssel gießen. Restliches Mehl (120 g), Backpulver und Salz vorsichtig einrühren. Es muss kein glatter Teig entstehen, es dürfen gerne einige Mehlklümpchen verbleiben. Das bemehlte Gemüse zugeben und kurz untermischen.

Eine Suppenkelle dieser Mischung vorsichtig ins heiße Öl geben und den Krapfen mit einem Löffel gegen die Topfwand drücken, damit er zusammenhält.

30 Sekunden von einer Seite und 1 Minute von der anderen Seite frittieren. Mit einem Schaumlöffel aus dem Öl heben und das überschüssige Öl ein wenig abschütteln, dann auf Küchenpapier abtropfen lassen. Mit der restlichen Gemüse-Krabben-Mischung ebenso verfahren.

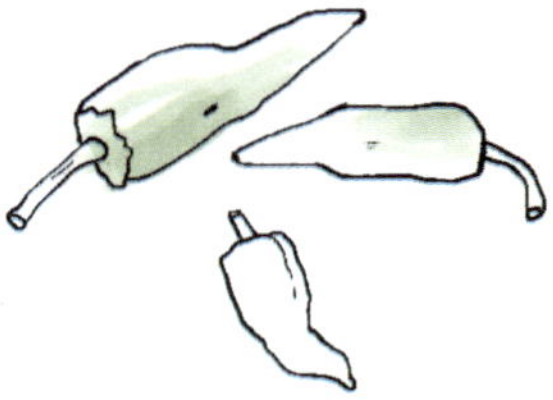

GANMODOKI (FRITTIERTE TOFUFRIKADELLEN)

がんもどき

ERGIBT *10 FRIKADELLEN* ***VORBEREITUNG*** *15 MINUTEN + 2–8 STUNDEN RUHEZEIT* ***KOCHZEIT*** *15 MINUTEN*

FRISCHE PRODUKTE

680 g fester Tofu

2 Eier, leicht verquirlt

40 g Karotten, in Stifte geschnitten

40 g Zuckerschoten, gehackt

frischer Ingwer, gerieben, zum Servieren

AUS DER SPEISEKAMMER

20 g getrocknete Shiitakes (oder 40 g frische Shiitakes), ohne Stiel und grob gehackt

750 ml Sonnenblumenöl

1 EL Sake

Meersalz

Sojasauce, zum Servieren

In Japan gibt es Geschäfte, die nichts anderes als unterschiedlichsten Tofu verkaufen. Man findet dort Sorten, die so frisch sind, dass sie an frischen Mozzarella aus einem Feinkostladen in Italien erinnern.

—

Den Tofu auf ein Backblech legen, ein weiteres Backblech auflegen und mit einem Gewicht von etwa 1 kg beschweren. Mindestens 2 Stunden ruhen lassen, um überschüssiges Wasser herauszudrücken.

Falls Sie getrocknete Shiitakes verwenden, diese in eine Schüssel mit heißem Wasser geben, mit Frischhaltefolie abdecken und 1 Stunde einweichen.

Sobald der Tofu entwässert ist, das Öl in einer großen, tiefen Pfanne bei mittlerer Temperatur erhitzen. Tofu, Eier, Sake und 1 Prise Salz in der Küchenmaschine zu einer sehr glatten Masse pürieren und in eine Schüssel geben. Eingeweichte Shiitakes in ein Sieb abgießen und hinzufügen oder frische Shiitakes zugeben. Zuckerschoten hinzufügen. Alles gut vermengen und zehn Bällchen formen.

Sobald das Öl eine Temperatur von 180 °C erreicht hat, jeweils zwei bis drei Bällchen etwa 3 Minuten frittieren, dabei nach der Hälfte der Bratzeit einmal wenden. Mit einem Schaumlöffel aus dem Öl heben und auf Küchenpapier abtropfen lassen. Mit einem Schuss Sojasauce und frisch geriebenem Ingwer servieren.

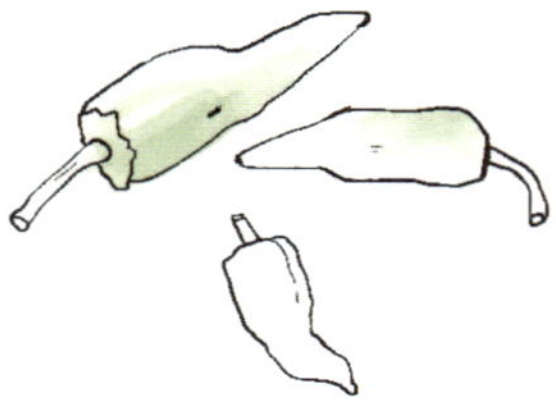

JAPANISCHER KARTOFFELSALAT

ポテトサラダ

***FÜR** 6 PERSONEN **VORBEREITUNG** 30 MINUTEN **KOCHZEIT** 30–40 MINUTEN*

FRISCHE PRODUKTE

500 g mehligkochende Bio-Kartoffeln

¼ Salatgurke (etwa 150 g)

2 Eier

¼ Zwiebel (etwa 60 g), gehackt

50 g gekochter Schinken, in feine Streifen geschnitten

AUS DER SPEISEKAMMER

½ EL Reisessig

Salz

5 EL Mayonnaise (vorzugsweise japanische Mayonnaise, z. B. von Kewpie)

frisch gemahlener Pfeffer

Ein Kartoffelsalat mag in einem japanischen Kochbuch fehl am Platz sein, doch tatsächlich handelt es sich um ein in Japan sehr beliebtes Gericht. Sobald Sie einmal dort sind, werden Sie feststellen, dass er häufig als Beilage serviert wird.

—

Die ganzen Kartoffeln waschen, in einen Dampfkorb geben und auf einen Topf mit kochendem Wasser stellen. Je nach Größe 20–30 Minuten dämpfen (dabei den Wasserstand während der Kochzeit kontrollieren). Die Kartoffeln leicht abkühlen lassen und pellen. Die noch warmen Kartoffeln grob zerstampfen. Den Reisessig zugeben und alles gut vermengen. Beiseitestellen und abkühlen lassen.

Die Gurke längs halbieren. Die Samen mit einem Teelöffel ausschaben. Die Gurke in sehr dünne Scheiben schneiden, in eine Schüssel geben und mit 1 Prise Salz bestreuen. 10 Minuten ruhen lassen, dann das Wasser leicht ausdrücken.

In einem kleinen Topf Wasser bei mittlerer Hitze erwärmen. Die Eier zugeben und 9–10 Minuten kochen. Unter kaltem Wasser abschrecken, schälen und hacken.

Gurke, Eier, Zwiebel, Schinken und Mayonnaise zur Kartoffelmasse geben. Alles gut vermengen und mit Salz und Pfeffer würzen.

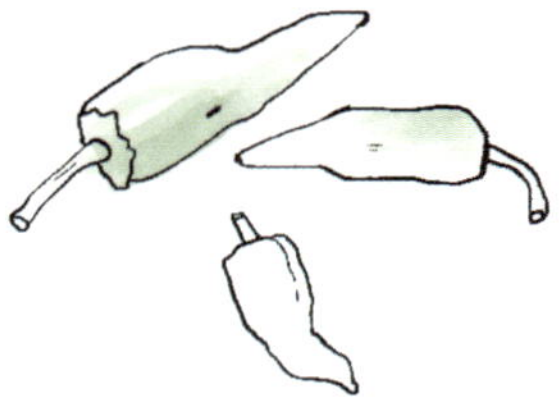

LOTUS-CHIPS

レンコンチップス

***FÜR** 4 PERSONEN* ***VORBEREITUNG** 10 MINUTEN* ***KOCHZEIT** 10 MINUTEN*

FRISCHE PRODUKTE

220 g Lotuswurzel, geschält

AUS DER SPEISEKAMMER

300 ml Sonnenblumenöl

½ TL Meersalz

1 Prise *aonori* (Flocken aus getrocknetem Seetang, Seite 17) oder *shichimi togarashi* (Siebengewürzepulver, Seite 16, aus dem Handel oder selbst gemacht, Seite 166), zum Servieren

Die Lotuswurzel ist lang und holzig. Ihre Schale ist beige bis gelb gefleckt. Man bekommt sie problemlos in asiatischen Supermärkten und findet sie bei den frischen Produkten oder im Tiefkühlregal. Diese Chips schmecken nicht nur für sich alleine köstlich. Sie eignen sich auch als knusprige Garnitur auf einem Salat oder einem Carpaccio.

—

Einen Gemüsehobel auf eine Schüssel mit kaltem Wasser legen. Die Lotuswurzel in papierdünne, 1–2 mm dünne Scheiben schneiden.

Das Öl in einer tiefen Pfanne auf 180 °C erhitzen. Die Lotusscheiben kurz vor dem Frittieren in ein Sieb abgießen, abtropfen lassen und mit Küchenpapier trocken tupfen.

Die Lotusscheiben portionsweise etwa 2 Minuten goldgelb frittieren. Die einzelnen Scheiben dabei immer wieder mit einem Schaumlöffel auseinanderhalten. Aus dem Öl heben und auf Küchenpapier abtropfen lassen. Mit Salz sowie *aonori* oder *shichimi togarashi* bestreuen.

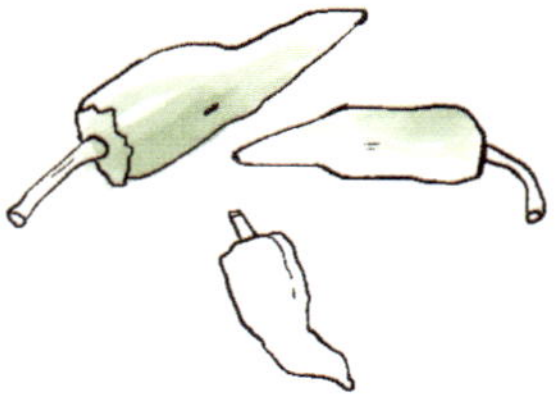

IN BUTTER & KNOBLAUCH GEGRILLTE SHIITAKES

しいたけの醤油ガーリックバター焼き

***FÜR** 4 PERSONEN* ***VORBEREITUNG** 10 MINUTEN* ***KOCHZEIT** 5–7 MINUTEN*

FRISCHE PRODUKTE

16 große Shiitakes

60 g weiche Butter

4 Knoblauchzehen, gehackt

Saft von ½ Zitrone

AUS DER SPEISEKAMMER

3 EL Sojasauce

Dies ist mein Lieblingsgericht. Es ist sehr schnell fertig und schmeckt dafür erstaunlich gut. Es mag etwas befremdlich klingen, aber die Japaner lieben die Mischung aus Butter und Sojasauce – sie empfinden sie als ausgesprochen delikat.

—

Den Backofengrill einschalten.

Die Shiitakes entstielen und von beiden Seiten kreuzweise einschneiden, damit sie Butter und Sojasauce besser aufnehmen können.

Die Pilze mit der Lamellenseite nach oben auf ein mit Backpapier ausgelegtes Backblech legen und mit Butter bestreichen. Jeweils zwei bis drei Knoblauchstückchen auf die Pilze streuen.

Shiitakes 5–7 Minuten im Ofen grillen, bis die Butter geschmolzen, der Knoblauch glasig und die Pilze weich, aber noch bissfest sind.

Auf einen Teller geben und vor dem Servieren mit Zitronensaft und Sojasauce beträufeln.

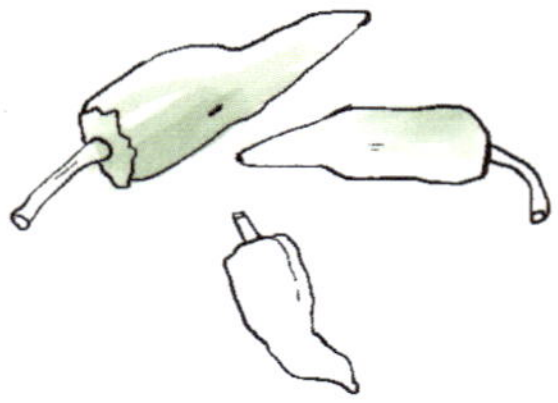

— SO MACHT MAN EIN —

GEROLLTES OMELETT

卵焼き

FÜR *2-3 PERSONEN (ALS BEILAGE)* ***VORBEREITUNG*** *3 MINUTEN* ***KOCHZEIT*** *10 MINUTEN*

FRISCHE PRODUKTE

4 Eier

AUS DER SPEISEKAMMER

2 TL hellbrauner Zucker

2 TL Sojasauce

1 TL Mirin

1 Prise Salz

1 EL Sonnenblumenöl

Dieses Gericht ist in Japan sehr beliebt und oft Bestandteil eines *bento* (traditionelles Lunchpaket). Auf den ersten Blick erscheint die Technik schwierig, doch wenn Sie sie einmal beherrschen, ist die Zubereitung ein Kinderspiel.

—

01. Eier, Zucker, Sojasauce, Mirin und Salz in einem Messbecher verquirlen.

02. Einen kleinen Teil des Öls in einer japanischen Omelettpfanne (*tamagoyaki-ki*) oder einer eckigen, antihaftbeschichteten Pfanne mit 20 cm Durchmesser erhitzen.

03. Ein Viertel der Eimasse zugießen und durch Schwenken der Pfanne gleichmäßig verteilen. Bei mittlerer Hitze braten, bis das Omelett Form annimmt.

04. Das Omelett mit einem Pfannenwender vorsichtig von den Pfannenrändern lösen und aufrollen.

05. Das Omelett nach vorne schieben und etwas Öl auf den freien Pfannenboden gießen. Ein Drittel der restlichen Eimasse zugießen und gleichmäßig verteilen. Sobald das Omelett fest wird, das erste Omelett in das zweite rollen. Diesen Vorgang noch zweimal mit der restlichen Eimasse wiederholen.

06. Das Omelett aus der Pfanne heben und auf ein Schneidbrett legen. Leicht abkühlen lassen.

07. Das Omelett in sechs gleich große Stücke schneiden.

ATSUAGE (FRITTIERTE TOFUSCHEIBEN)

手作り厚揚げ

***FÜR** 2–4 PERSONEN **VORBEREITUNG** 1 STUNDE **KOCHZEIT** 25 MINUTEN*

FRISCHE PRODUKTE

640 g fester Tofu (*momen tofu*), in 8 große Würfel geschnitten

200 g Kirschtomaten, geviertelt

1 Stück frischer Ingwer (2,5 cm), fein gerieben

AUS DER SPEISEKAMMER

750 ml Sonnenblumenöl

2 EL natives Olivenöl extra

2 TL Sojasauce

2 Prisen Salz

Einige gut sortierte Supermärkte und Reformhäuser bieten *atsuage* (frittierte Tofuscheiben) an. Doch im Asialaden finden Sie ihn von besserer Qualität – oder Sie machen ihn am besten gleich selbst.

—

Den Tofu in ein sauberes, festes Küchentuch einwickeln. Auf ein Backblech legen und etwa 1 Stunde abtropfen lassen.

Das Sonnenblumenöl in einer tiefen Pfanne auf 180 °C erhitzen.

Für die Garnitur Kirschtomaten, Ingwer, Olivenöl, Sojasauce und Salz in einer Schüssel vermischen.

Zwei bis drei Tofuwürfel etwa 3 Minuten im Öl frittieren. Die Würfel regelmäßig wenden, bis sie von allen Seiten gleichmäßig goldbraun sind. Mit einem Schaumlöffel aus dem Öl heben und auf Küchenpapier abtropfen lassen. Diesen Vorgang mit dem restlichen Tofu wiederholen.

Den Tofu noch heiß mit den Ingwer-Kirschtomaten (oder mit geriebenem und mit Sojasauce gewürztem *daikon*, japanischem Rettich, Seite 12) servieren.

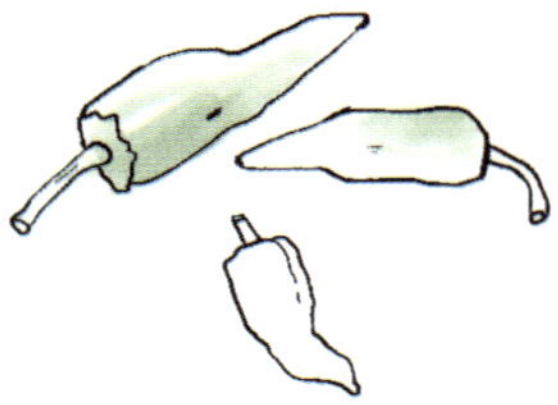

NASU DENGAKU (AUBERGINE MIT MISO)

なす田楽

***FÜR** 4 PERSONEN* ***VORBEREITUNG** 10 MINUTEN* ***KOCHZEIT** 15 MINUTEN*

FRISCHE PRODUKTE

2 große Auberginen, längs halbiert und auf der Schnittseite gitterförmig eingeschnitten

AUS DER SPEISEKAMMER

100 ml Sonnenblumenöl

8 EL rotes Miso

2 EL hellbrauner Zucker

2 EL Mirin

1 ½ EL Sesamsamen

Dieses klassische Gericht ist sehr beliebt. Nichts schmeckt so gut wie perfekt gegarte, mit einer süß-salzigen Misosauce überzogene Auberginen, die im Mund zergehen. Die Sauce passt auch hervorragend zu Sesampastete (Seite 70).

—

Die Rundungen der Auberginenhälften auf der Hautseite etwa 5 mm tief abschneiden, damit die Auberginen flach in der Pfanne liegen.

Die Hälfte des Öls in einer großen Pfanne erhitzen. Zwei Auberginenhälften darin mit der Fleischseite nach unten bei mittlerer Hitze 3–4 Minuten braten, dann wenden. Den Deckel auflegen und weitere 4 Minuten braten, bis die Auberginen weich und gar sind.

Die Auberginen aus der Pfanne nehmen und die Pfanne mit Küchenpapier auswischen. Den Vorgang mit dem restlichen Öl (50 ml) und den zwei anderen Auberginenhälften wiederholen.

Den Backofengrill einschalten.

Miso, Zucker und Mirin verrühren. Die Auberginen auf ein Backblech legen, die Schnittseite mit der Misomischung bepinseln und 2–3 Minuten im Ofen grillen, bis die Sauce heiß ist. Mit Sesamsamen bestreuen und servieren.

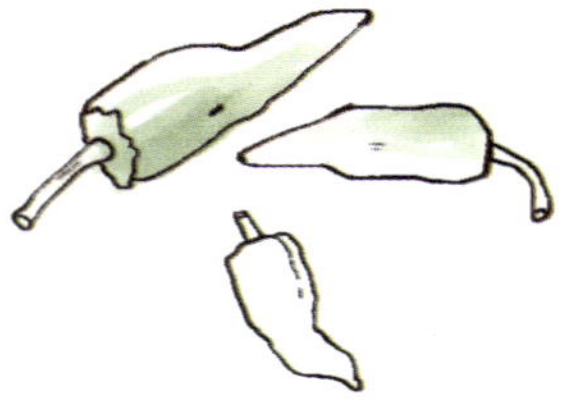

GEGRILLTE CHILISCHOTEN MIT BONITOFLOCKEN

焼き唐辛子と鰹節

FÜR *4 PERSONEN* ***VORBEREITUNG*** *2 MINUTEN* ***KOCHZEIT*** *5 MINUTEN*

FRISCHE PRODUKTE

20 Pimientos de padrón

AUS DER SPEISEKAMMER

2 TL Sonnenblumenöl

5 g *katsuobushi* (getrocknete Bonitoflocken, Seite 16)

2 EL Sojasauce

Gegrillte Pimientos de padrón zählen zu den beliebtesten Tapas. Sie sind einfach zuzubereiten, schnell fertig und schmecken hervorragend. Dies ist die japanische Variante.

—

Den Backofengrill einschalten. Er sollte sehr heiß sein.

Die Chilischoten auf einem Backblech verteilen und mit dem Öl beträufeln. Das Backblech unter den Grill schieben. Die Chilischoten 5 Minuten grillen, bis die Haut braun wird und Blasen wirft.

Die Pimientos de padrón auf einem Teller anrichten. Kurz vor dem Servieren mit Bonitoflocken bestreuen und mit etwas Sojasauce beträufeln.

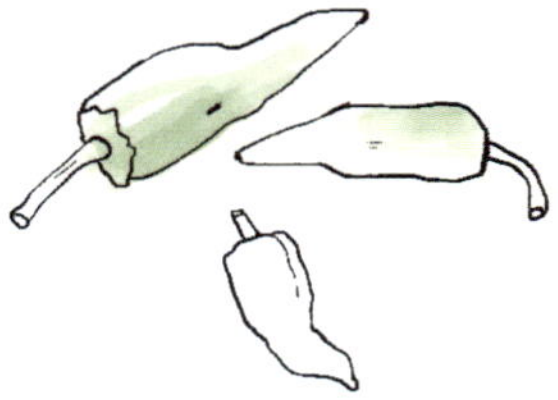

KARAAGE (JAPANISCHES BACKHÄHNCHEN)

唐揚げ

***FÜR** 4 PERSONEN* ***VORBEREITUNG** 15 MINUTEN + 30 MINUTEN MARINIERZEIT* ***KOCHZEIT** 15 MINUTEN*

FRISCHE PRODUKTE

1 Eiweiß

2 Knoblauchzehen, zerdrückt

1 Stück frischer Ingwer (3 cm, etwa 50 g), geschält und gerieben

600 g Hähnchenfleisch mit Haut, gekocht und in 4–5 cm große Stücke geschnitten

AUS DER SPEISEKAMMER

2 EL Sojasauce

2 EL Sake

1 TL geröstetes Sesamöl

750 ml Sonnenblumenöl

100 g Speisestärke

Wer kann schon einem saftigen Backhähnchen mit Knoblauch und Ingwer widerstehen? Es schmeckt für sich allein ebenso köstlich wie zu geriebenem *daikon* (jap. Rettich, Seite 12) in *ponzu* (Würzsauce, Seite 216). Servieren Sie dazu japanischen Kartoffelsalat (Seite 28).

—

Sojasauce, Sake, Sesamöl, Eiweiß, Knoblauch und Ingwer in einer großen Schüssel verrühren. Die Fleischstücke hineingeben und sorgfältig darin wenden. 30 Minuten im Kühlschrank marinieren.

Das Sonnenblumenöl in einer Pfanne auf 180 °C erhitzen.

Die Speisestärke in einen tiefen Teller geben und die marinierten Hähnchenstücke sorgfältig darin wenden, bis sie rundum mit der Speisestärke überzogen sind.

Ein Drittel der Hähnchenstücke in die Pfanne geben und einige Minuten frittieren, bis sie etwas Farbe angenommen haben. Das Fleisch aus dem Öl heben und auf Küchenpapier abtropfen lassen. Mit den restlichen Hähnchenstücken ebenso verfahren.

Das Öl auf 190 °C erhitzen und die Hähnchenfleischstücke ein zweites Mal 1–2 Minuten frittieren, bis sie von allen Seiten goldbraun sind.

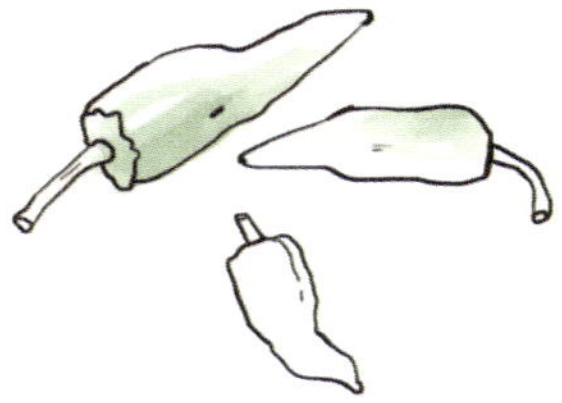

THUNFISCH-TATAKI

ツナのたたき

***FÜR** 4 PERSONEN **VORBEREITUNG** 30 MINUTEN **KOCHZEIT** 7 MINUTEN*

FRISCHE PRODUKTE

4 Frühlingszwiebeln, längs halbiert

30 g frischer Ingwer, geschält und in Stifte geschnitten

200 g *daikon* (jap. Rettich, Seite 12), in Stifte geschnitten

3 Knoblauchzehen, in Scheiben geschnitten

400 g Thunfischfilet (idealerweise ein langes, dünnes Stück anstelle mehrerer kleiner Filets: Wenden Sie sich an Ihren Fischhändler oder an einen japanischen Lebensmittelladen)

4 Blätter *shiso* (Perillablätter, Seite 12), in Streifen geschnitten, oder junge Kresseblätter

AUS DER SPEISEKAMMER

60 ml Sonnenblumenöl

¼ TL Meersalz

3 EL *ponzu* (Würzsauce, aus dem Handel oder selbst gemacht, Seite 216)

Dies ist ein einfaches, aber exquisites Gericht mit vielfältigen Aromen und Strukturen. Thunfisch, knusprig gebratener Knoblauch, Ingwer und *shiso* gehen eine wunderbare Verbindung ein. Ein idealer Snack zu alkoholischen Getränken.

—

Frühlingszwiebeln, Ingwer und *daikon* in eine Schüssel mit Eiswasser legen, bis sie richtig knackig sind.

Das Sonnenblumenöl in einer Pfanne erhitzen und den Knoblauch darin bei mittlerer Hitze anbraten. Herausheben und auf einen Teller geben. Die Pfanne mit Küchenpapier auswischen, dabei ein wenig Öl zum Braten des Thunfischs in der Pfanne belassen.

Den Thunfisch salzen. Die Temperatur erhöhen und die Pfanne stark erhitzen. Den Thunfisch darin von jeder Seite 1 Minute braten. Aus der Pfanne heben und vor dem Servieren mindestens 10 Minuten abgedeckt ruhen lassen. Sie können den Thunfisch auch im Voraus braten.

Ingwer, *daikon* und Frühlingszwiebeln abgießen und mit Küchenpapier trocken tupfen. Die Gemüse in einer Schüssel mit den *shiso*-Blättern vermengen.

Den Thunfisch in 8 mm dicke Scheiben schneiden (zum Schneiden von Sashimis, siehe Seite 124). Den *daikon*-Salat auf Tellern anrichten und mit den Thunfischscheiben belegen. Mit den knusprigen Knoblauchscheiben bestreuen und mit einem Schuss *ponzu* beträufeln.

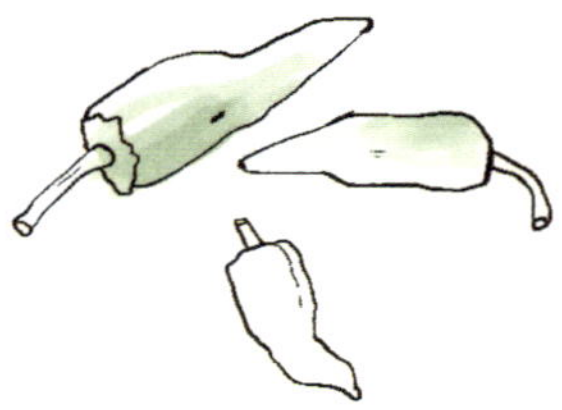

OKONOMIYAKI (HERZHAFTE PFANNKUCHEN)

お好み焼き

ERGIBT *4 PFANNKUCHEN* ***VORBEREITUNG*** *10 MINUTEN* ***KOCHZEIT*** *30 MINUTEN*

FRISCHE PRODUKTE

320 ml Dashibrühe, selbst gemacht (Seite 204) oder aus Dashipulver nach Packungsangabe zubereitet

4 Eier

400 g Weißkohl (etwa ¼ eines mittelgroßen Kohlkopfs), gehobelt und gehackt

160 g Königsgarnelen, küchenfertig

AUS DER SPEISEKAMMER

240 g Mehl

2 TL Backpulver

4 EL Sonnenblumenöl

360 ml *tonkatsu*-Sauce (Würzsauce, Seite 18, aus dem Handel oder selbst gemacht, Seite 214, aber ohne Sesamsamen und Senf) oder *okonomiyaki*-Sauce (Würzsauce, Seite 18)

8 EL Mayonnaise (vorzugsweise japanische Mayonnaise von Kewpie)

15 g *katsuobushi* (getrocknete Bonitoflocken, Seite 16)

5 g *aonori* (Flocken aus getrocknetem Seetang, Seite 17)

Das Wort *okonomi* bedeutet übersetzt »wie Sie möchten«. Wie der Name besagt, können Sie die Zutaten ganz nach Ihrem eigenen Geschmack zusammenstellen. Wählen Sie doch einmal dünn geschnittene Schweinebauchscheiben, Rindfleisch, Tintenfisch oder sogar Käse (weicher Cheddar passt wunderbar zu diesem Gericht) und *kimchi* (koreanisches Gericht).

—

Mehl und Backpulver in einer Schüssel vermischen.

Dashibrühe und Eier in einer Kanne verquirlen.

Die Mischung zum Mehl gießen und ohne Unterbrechung kräftig zu einem glatten Teig verrühren. Kohl und Garnelen zugeben und alles gut vermischen.

1 TL Öl in einer Pfanne erhitzen. 1 kleine Suppenkelle Teig zugeben und bei mittlerer Hitze etwa 4 Minuten braten, bis der Pfannkuchen goldbraun und an den Rändern fest wird. Wenden und noch einmal 4 Minuten braten.

Mit der *tonkatsu*-Sauce beträufeln und die Mayonnaise in einem Zick-Zack-Muster darüber geben. Mit *katsuobushi*- und *aonori*-Flocken bestreuen.

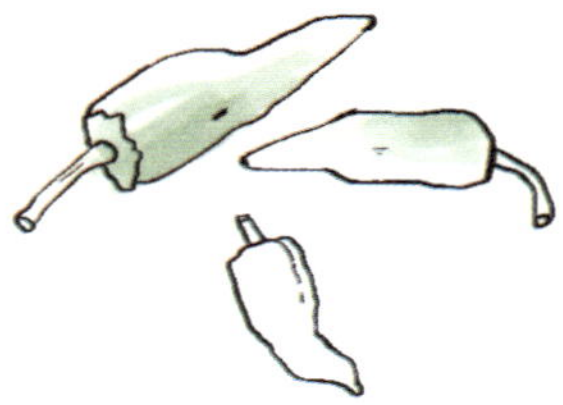

YAKITORI (HÄHNCHENSPIESSE)

焼き鳥

***ERGIBT** 4 SPIESSE* ***VORBEREITUNG** 30 MINUTEN* ***KOCHZEIT** 10 MINUTEN*

FRISCHE PRODUKTE

800 g mageres Hähnchenfleisch ohne Haut, in 4 cm große Würfel geschnitten

8 Frühlingszwiebeln (nur das Weiße – etwa 240 g), in 4 cm lange Stücke geschnitten

120 ml *teriyaki*-Sauce (jap. Grillsauce – aus dem Handel oder selbst gemacht, Seite 218)

AUS DER SPEISEKAMMER

4 TL Sonnenblumenöl

½ TL *shichimi togarashi* (Siebengewürzepulver, Seite 16, aus dem Handel oder selbst gemacht, Seite 166)

Die Spieße namens *yakitori* gibt es in vielen Varianten. Es gibt auch welche mit Innereien und Hähnchenhaut, doch die klassische Version mit dem Namen *negima* ist zweifelsohne die beliebteste. Sie besteht aus vorgekochtem Hähnchenfleisch und Frühlingszwiebeln in einer süßen Sojasauce.

—

Zwölf Bambusspieße etwa 15 Minuten in Wasser legen, damit sie während der Kochzeit nicht verbrennen.

Hähnchenwürfel und Frühlingszwiebeln abwechselnd auf die Spieße stecken.

Die Hälfte des Öls in einer gusseisernen Pfanne erhitzen. Sobald das Öl zu brutzeln beginnt, die Spieße in die Pfanne geben, den Deckel auflegen und bei mittlerer Hitze von jeder Seite etwa 5 Minuten braten, bis das Hähnchenfleisch gar ist.

Die *teriyaki*-Sauce hinzufügen. Die Spieße mit einer Grillzange sorgfältig in der Sauce wenden. Sobald die Sauce andickt, die Pfanne vom Herd nehmen.

Die Spieße auf einem Servierteller anrichten und mit der Sauce beträufeln. Mit *shichimi togarashi* bestreuen und servieren.

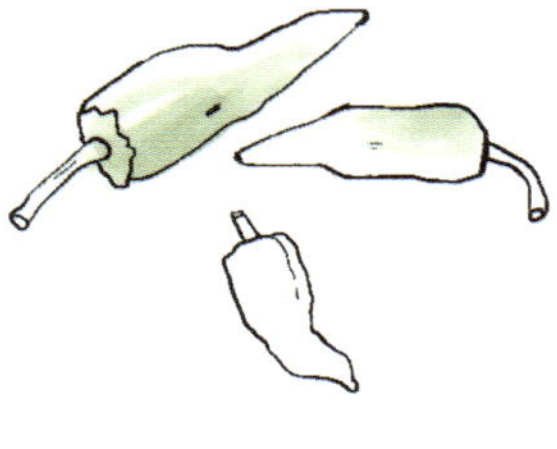

OCHAZUKE MIT LACHS (REIS, LACHS & GRÜNER TEE)

お茶漬け

FÜR *4 PERSONEN* ***VORBEREITUNG*** *10 MINUTEN + 5 STUNDEN MARINIERZEIT* ***KOCHZEIT*** *10 MINUTEN*

FRISCHE PRODUKTE

250 g Lachsfilet

8 EL hochwertige grüne Teeblätter oder 720 ml Dashibrühe, selbst gemacht (Seite 204) oder aus Dashipulver nach Packungsangabe zubereitet

600 g gekochter japanischer Reis (Seite 208)

30 g frischer Ingwer, geschält und in feine Stifte geschnitten

AUS DER SPEISEKAMMER

½ EL Sake

2 TL Salz

1 Blatt *nori* (getrocknete Alge, Seite 17)

1½ EL geröstete Sesamsamen, grob gemahlen

2 TL Wasabi

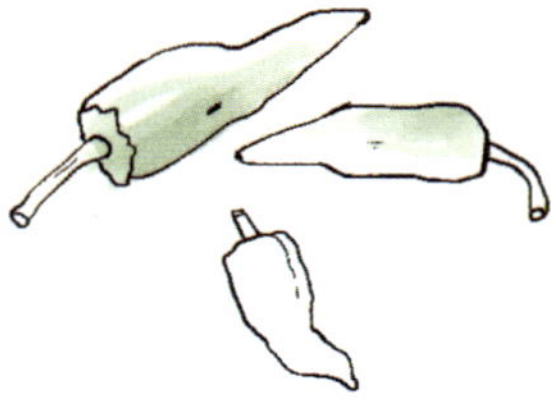

Für sich allein schon köstlich, lässt sich dieses Lachsgericht auch wunderbar mit *onigiri* (Reisbällchen, Seite 114) kombinieren. Sie können den Lachs auch am Vortag salzen und bis zur Verwendung im Kühlschrank aufbewahren.

—

Das Lachsfilet von allen Seiten mit Sake einpinseln und das Salz einmassieren. Abgedeckt mindestens 5 Stunden im Kühlschrank ruhen lassen.

Den Backofengrill einschalten.

Das Lachsfilet mit Küchenpapier trocken tupfen und auf ein mit Backpapier ausgelegtes Backblech legen. Im Backofen von jeder Seite 5 Minuten grillen. Herausnehmen und das Lachsfilet in kleine Stücke zerteilen.

Das *nori*-Blatt bei schwacher Hitze auf einer Herdplatte rösten, dabei immer wieder etwas schütteln, damit es nicht anbrennt. Beiseitelegen.

Die Teeblätter in eine Teekanne geben, mit 720 ml kochendem Wasser übergießen und 2 Minuten ziehen lassen. Der Tee sollte sehr stark sein.

Den Reis auf vier Schälchen verteilen. Mit Lachsstücken, Ingwer, Sesamsamen, gerösteten *nori*-Stücken und Wasabi bedecken. Mit dem grünen Tee (oder heißer Dashibrühe) übergießen und sofort servieren.

— 6 REZEPTE MIT —

TOFU

01. TOFUSTEAK TERIYAKI
照り焼き豆腐ステーキ

—

300 g Seidentofu in vier Stücke schneiden. 10 Minuten auf zwei übereinandergelegten Blättern Küchenpapier abtropfen lassen, dann das Papier auswechseln und den Tofu erneut darauf legen.

Die Tofuwürfel in 2 EL Speisestärke wenden.

In 2 EL heißem Öl bei mittlerer Hitze 2–3 Minuten von beiden Seiten braten.

Die Tofuwürfel mit 3 EL *teriyaki*-Sauce beträufeln, wenden und noch 1 Minute braten. Für 2 Personen.

02. MARINIERTER TOFU MIT MISO
豆腐の味噌漬け

—

200 g weißes Miso (oder Reste verschiedener Misos) mit 2 EL Mirin verrühren.

Die Hälfte der Marinade auf den Boden eines kleinen Behälters streichen und mit einem Musselintuch, das groß genug ist, den Tofu zu umfassen, bedecken.

200 g festen Tofu in vier Stücke schneiden und auf das Tuch legen. Den Tofu mit dem restlichen Tuch bedecken und die restliche Misomarinade darauf verstreichen.

Den Tofu bis zu 1 Woche im Kühlschrank aufbewahren. Sie können ihn schon am nächsten Tag probieren, doch er wird nach 3 Tagen am besten schmecken. Für 4–8 Personen.

03. TOFU-KÄSEKUCHEN
豆腐チーズケーキ

—

100 g in Würfel geschnittenen Seidentofu, 200 g griechischen Joghurt, 100 g Frischkäse, abgeriebene Schale von ½ Bio-Zitrone und 2 TL Zucker zu einem sehr glatten Teig verrühren.

Die Masse etwa 15 Minuten immer wieder durch ein feines Sieb gießen.

4 Butterkekse zerkrümeln und auf vier Dessertgläser verteilen.

Die Tofumasse auf den Kekskrümeln verteilen und 30–45 Minuten in den Kühlschrank stellen.

6 gewürfelte Erdbeeren mit 1 TL Zucker verrühren und ziehen lassen.

Die Erdbeeren auf den Käseküchlein verteilen. Für 4 Personen.

04. KALTE TOFU-GURKEN-SUPPE
冷製豆腐ポタージュスープ

—

150 g Seidentofu, 150 ml Dashibrühe (selbst gemacht, Seite 204, oder aus Dashipulver), 100 ml Sojadrink, 1½ TL Sojasauce und 1 kräftige Prise Fleur de sel zu einer glatten Masse verrühren. 35–45 Minuten in den Kühlschrank stellen.

Die Masse auf kleine Gläser verteilen. Mit 120 g in 3 mm große Würfel geschnittener Salatgurke und 20 g fein gehackten Ingwerpickles (Seite 180) bestreuen und servieren. Für 4 Personen.

05. TOFU-CROÛTONS
豆腐クルトン

—

200 g festen Tofu in 1½ cm große Würfel schneiden und 10 Minuten auf Küchenpapier abtropfen lassen. Die Tofuwürfel wenden und dabei auf neues Küchenpapier legen.

150 ml Sonnenblumenöl in einer Pfanne auf 180 °C erhitzen. Die Tofuwürfel darin bei mittlerer Hitze 2 Minuten anbraten. Mit einem Schaumlöffel herausheben und auf Küchenpapier abtropfen lassen.

Salzen und als Imbiss oder als Croûtons zu einem Salat servieren. Für 4 Personen.

06. TOFUDIP
豆腐ディップ

—

100 g Sesamsamen in einer kleinen Pfanne bei schwacher Hitze rösten. Sobald sie zu knistern beginnen, aus der Pfanne nehmen und abkühlen lassen.

Die Samen in einem Mörser oder *suribachi* (jap. Keramikmörser) grob zerstoßen.

200 g festen Tofu grob würfeln. Mit 1 EL Sojasauce, 1 TL hellbraunem Zucker, 4 TL Mirin und 2 TL weißem Miso im Mixer oder in der Küchenmaschine zu einer glatten Masse pürieren.

Die Sesamsamen einrühren. Genießen Sie diesen Dip zu Rohkost oder gegrilltem Gemüse. Ergibt 200 ml.

2
1
4
3
6
5

GYOZAS

餃子

***ERGIBT** 52 GYOZAS* ***VORBEREITUNG** 45 MINUTEN* ***KOCHZEIT** 7 MINUTEN PRO PORTION*

FRISCHE PRODUKTE

300 g Chinakohl, fein gehackt

300 g Schweinehackfleisch

3 Frühlingszwiebeln, fein gehackt

20 g frischer Ingwer, geschält und gerieben

3 Knoblauchzehen, fein gehackt

AUS DER SPEISEKAMMER

½ TL Meersalz

1½ EL Sojasauce

1 EL geröstetes Sesamöl

1 EL Sake

52 Gyoza-Teigblätter (TK-Ware, aufgetaut)

Sonnenblumenöl

½ TL Mehl + Mehl zum Bestäuben

Tipp Kaufen Sie die weißen, runden Gyoza-Teigblätter aus dem Frischeregal eines gut sortierten Asialadens.

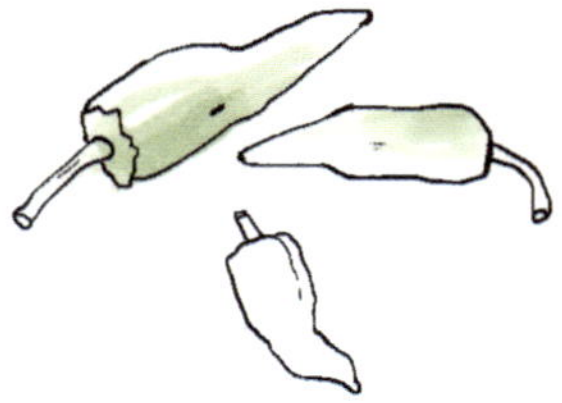

Diese japanischen Ravioli mit der ganzen Familie zuzubereiten, macht viel mehr Spaß. Binden Sie alle mit ein und machen Sie sich an die Arbeit, bis ausreichend Gyozas bereitstehen.

—

Den Kohl in eine Schüssel geben, salzen, mit den Händen vermischen und 10 Minuten entwässern lassen.

Hackfleisch, Frühlingszwiebeln, Ingwer, Knoblauch, Sojasauce, Sesamöl und Sake sorgfältig vermengen. Den Kohl ausdrücken und unter die Hackfleischmischung rühren.

So viele Gyoza-Teigblätter wie möglich nebeneinander auf die saubere Arbeitsplatte legen. Eine kleine Schüssel mit Wasser danebenstellen. ½ EL der Hackfleischmischung auf jedes Teigblatt geben. Die äußeren Blattränder mit Wasser anfeuchten. Die Gyozas zusammenfalten und die Ränder fest zusammendrücken. Mit den Fingern drei bis fünf Falten in die Ränder drücken. Die fertigen Gyozas auf einen bemehlten Teller stellen.

1 TL Öl in einer Pfanne erhitzen. Die Gyozas portionsweise (12–13 Stück) nebeneinander in die Pfanne geben und bei starker Hitze etwa 2 Minuten anbraten, bis sie zischen.

½ TL Mehl in 60 ml Wasser verrühren und in die Pfanne gießen. Den Deckel auflegen und 2 Minuten köcheln lassen. Den Deckel abnehmen und die Hitze erhöhen. Etwa 2 Minuten köcheln lassen, bis das Wasser verdunstet und die Gyozas am Boden knusprig sind. Die Pfanne mit einem Teller abdecken und vorsichtig wenden, um die Gyozas auf den Teller zu stürzen. Mit den restlichen Gyozas ebenso verfahren.

Die Gyozas mit Knoblauchöl (Seite 174), *ponzu* (Würzsauce, Seite 216) oder einer Mischung aus Sojasauce und Reisessig servieren.

KINPIRA (GEDÜNSTETE KAROTTEN & PASTINAKEN)

人参とパースニップのきんぴら

***FÜR** 4 PERSONEN* ***VORBEREITUNG** 10 MINUTEN* ***KOCHZEIT** 5 MINUTEN*

FRISCHE PRODUKTE

200 g Karotten, in lange dünne Stifte geschnitten

200 g Pastinaken, Knollensellerie oder mehligkochende Kartoffeln, in lange dünne Stifte geschnitten

AUS DER SPEISEKAMMER

2 EL Sesamsamen

1 ½ EL geröstetes Sesamöl

1 kleine getrocknete Chilischote, entkernt und gehackt

4 TL Sojasauce

4 TL Mirin

Dieser einfache und köstliche Imbiss ist in nur wenigen Minuten fertig. Traditionell werden für dieses Gericht keine Pastinaken verwendet, doch sie schmecken hervorragend dazu (Sie können sie aber auch durch Kartoffeln oder Knollensellerie ersetzen).

—

Die Sesamsamen in einer kleinen Pfanne bei schwacher Hitze ohne Fett anrösten, dabei die Pfanne gelegentlich schütteln, damit die Samen nicht anbrennen. Sobald sie zu knistern beginnen, die Pfanne vom Herd nehmen und abkühlen lassen.

Das Sesamöl in einer Pfanne erhitzen. Chilischote, Karotten- und Pastinakenstifte darin bei mittlerer Hitze 2 Minuten anbraten. Sojasauce und Mirin hinzufügen und weitere 2–3 Minuten garen, bis das Gemüse die gesamte Flüssigkeit aufgenommen hat.

Mit den Sesamsamen bestreuen und servieren.

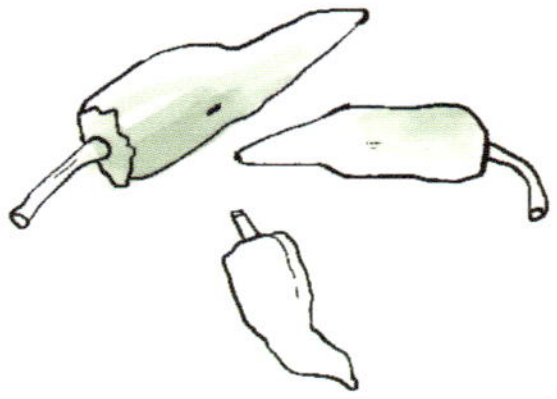

BEILAGEN & SNACKS

DAIKON & HACKFLEISCH MIT MISO

ふろふき大根と肉味噌

***FÜR** 4 PERSONEN* ***VORBEREITUNG** 10 MINUTEN* ***KOCHZEIT** 40 MINUTEN*

FRISCHE PRODUKTE

800 g *daikon* (jap. Rettich, Seite 12), in 4 cm dicke Scheiben geschnitten

250 g Schweinehackfleisch

abgeriebene Schale von ½ Bio-Zitrone

AUS DER SPEISEKAMMER

1 quadratisches Blatt *kombu* (8 cm, getrocknete Alge, Seite 16)

1 EL geröstetes Sesamöl

4 EL rotes Miso

2 TL hellbrauner Zucker

2 EL Mirin

Sie können den *daikon* auch durch frische Rüben oder frischen Kohlrabi ersetzen. Für eine vegetarische Version verzichten Sie auf das Schweinefleisch und verrühren für eine milde Süße Miso, Zucker und Mirin.

—

Den äußeren, faserigen Ring der *daikon*-Scheiben rundum mit einem scharfen Messer abschneiden. Jede Scheibe von einer Seite kreuzförmig einschneiden.

Das *kombu*-Blatt auf den Boden eines Topfes legen. Die *daikon*-Scheiben mit der eingeschnittenen Seite nach unten darauf verteilen. Knapp mit Wasser bedecken und den Deckel auflegen. Bei mittlerer Hitze aufkochen, die Temperatur herunterschalten und 30–40 Minuten köcheln lassen, bis die Scheiben sehr zart sind (mit einer Messerklinge testen).

Gegen Ende der Garzeit das Öl in einer Pfanne erhitzen und das Hackfleisch darin bei mittlerer Hitze 5–8 Minuten braten, bis es gar ist. Miso, Zucker und Mirin in einer kleinen Schüssel verrühren, zum Fleisch geben und alles gut vermengen. Den Herd ausschalten.

Den fertig gegarten *daikon* auf kleine Teller verteilen und mit etwas Kochsud übergießen. Das Miso-Hackfleisch darauf anrichten und mit der geriebenen Zitronenschale garnieren.

GEGRILLTE AUBERGINEN MIT INGWER

焼きなすと生姜

***FÜR** 4 PERSONEN* ***VORBEREITUNG** 10 MINUTEN* ***KOCHZEIT** 20 MINUTEN*

FRISCHE PRODUKTE

2 große Auberginen (à 330 g)

30 g frischer Ingwer, geschält und gerieben

2 Frühlingszwiebeln, in dünne Ringe geschnitten

AUS DER SPEISEKAMMER

4 EL Sojasauce

Dieses Gericht erinnert mich an japanische Sommer, in denen es überall frische Auberginen gibt. Es ist eine wunderbare Beilage zu Udon- oder Soba-Nudeln in kalter Brühe.

—

Eine Grillpfanne erhitzen und die Auberginen darin bei mittlerer Hitze unter häufigem Wenden 15–20 Minuten grillen, bis ihre Schale schwarz wird. Mit einer Gabel einstechen, um zu überprüfen, ob sie schön zart sind (keine Sorge, wenn die Schale verkohlt ist, denn dieses Gericht lebt auch von seinem Rauchgeschmack).

Die Auberginen leicht abkühlen lassen, bis man sie anfassen kann, dann die Schale von unten abziehen. Die Auberginen längs halbieren, dann die Hälfte noch einmal der Länge nach durchschneiden. Insgesamt sollten es nun acht lange Spalten sein.

Die Auberginen in eine Schüssel legen. Mit Ingwer und Frühlingszwiebeln bestreuen, mit Sojasauce beträufeln und servieren.

SUNOMONO (SALAT AUS WAKAME, GURKE & GARNELEN)

わかめ、きゅうり、エビの酢の物

FÜR *4 PERSONEN* ***VORBEREITUNG*** *20 MINUTEN* ***KOCHZEIT*** *2 MINUTEN*

FRISCHE PRODUKTE

½ Salatgurke (etwa 185 g), geschält und längs halbiert

6 große Garnelen, küchenfertig

30 ml Dashibrühe, selbst gemacht (Seite 204) oder aus Dashipulver nach Packungsangabe zubereitet

1 Stück frischer Ingwer (2,5 cm), geschält und in feine Stifte geschnitten

AUS DER SPEISEKAMMER

1 große Prise Meersalz

10 g *wakame* (getrocknete Alge, Seite 17)

1 TL geröstetes Sesamöl

2 EL Reisessig

1 TL Sojasauce

1 TL hellbrauner Zucker

Dieser Salat ist eine in der japanischen Küche sehr beliebte Beilage. Sie können die Garnelen auch durch Tintenfisch oder weißes Krebsfleisch ersetzen.

—

Die Gurkensamen mit einem Löffel ausschaben und das Fruchtfleisch in sehr dünne Scheiben schneiden. In eine Schüssel geben, mit Salz bestreuen und sorgfältig vermengen. 5 Minuten ziehen lassen, dann das überschüssige Wasser ausdrücken.

Die *wakame* 10 Minuten in Wasser einweichen und abgießen.

Das Öl in einer Pfanne erhitzen. Die Garnelen darin bei mittlerer Hitze etwa 2 Minuten garen und abkühlen lassen.

Dashibrühe, Reisessig, Sojasauce und Zucker in einer kleinen Schüssel verrühren, bis der Zucker gelöst ist.

Gurke, *wakame*, Garnelen und Ingwer in einer Salatschüssel vermischen und mit dem Dashidressing anrichten.

GRÜNE BOHNEN MIT SESAM

いんげん豆の胡麻和え

FÜR *4 PERSONEN* ***VORBEREITUNG*** *15 MINUTEN* ***KOCHZEIT*** *5 MINUTEN*

FRISCHE PRODUKTE

400 g grüne Bohnen, geputzt

AUS DER SPEISEKAMMER

4 EL Sesamsamen

3 EL hellbrauner Zucker

3 EL Sojasauce

1 Prise Meersalz

Tipp Ein *suribachi* (jap. Reibschale aus Keramik) und ein *surikogi* (Holzstößel) sind sehr nützliche Küchenwerkzeuge. Sie können sie in einem Japanladen kaufen oder über das Internet beziehen.

Sesamsamen gehören in der japanischen Küche zu den Grundzutaten. Man kann sie bereits geröstet kaufen, doch ich würde Ihnen dann empfehlen, sie erneut zu rösten. So werden sie noch aromatischer – es wird ein völlig anderes Gericht daraus.

—

Die Sesamsamen in einer kleinen Pfanne ohne Fett bei schwacher Hitze rösten. Die Pfanne dabei gelegentlich schütteln, damit die Samen nicht anbrennen. Sobald sie knistern, die Pfanne vom Herd nehmen und abkühlen lassen.

In einem *suribachi* oder Mörser grob zerstoßen. Zucker und Sojasauce zugeben und verrühren, bis der Zucker gelöst ist.

Wasser in einem Topf aufkochen und 1 Prise Salz zugeben. Die Bohnen etwa 3 Minuten darin garen. Die Bohnen abgießen, unter fließend kaltem Wasser abschrecken und mit Küchenpapier abtrocknen.

Die Bohnen kurz vor dem Servieren mit der Sesamsauce vermengen.

TOFUSALAT MIT KIRSCHTOMATEN

豆腐とトマトのサラダ

***FÜR** 4 PERSONEN* ***VORBEREITUNG** 15 MINUTEN*

FRISCHE PRODUKTE

600 g Seidentofu, abgegossen und in 1 cm dicke Scheiben geschnitten

10 Kirschtomaten, geviertelt

15 g *shiso* (Perillablätter, Seite 12) oder frischer Koriander, gezupft

1 Stück frischer Ingwer (3 cm), geschält und in feine Stifte geschnitten (in kaltem Wasser aufbewahrt)

3 EL japanische Zwiebelsauce (Seite 162)

AUS DER SPEISEKAMMER

20 g Mandeln

Tomaten, Tofu, Mandeln und aromatische Kräuter gehen eine wunderbare Verbindung ein. Wenn Sie keine japanische Zwiebelsauce zur Hand haben, können Sie diesen Salat auch mit Sojasauce und extra nativem Olivenöl oder nur mit Knoblauchöl (Seite 174), anrichten.

—

Den Backofen auf 170 °C vorheizen. Die Mandeln im vorgeheizten Ofen rösten, bis sie zu duften beginnen. Aus dem Ofen nehmen und abkühlen lassen. Sobald man sie anfassen kann, grob hacken.

Die Tofuscheiben auf einem Servierteller anrichten, mit Mandeln, Kirschtomaten, Kräutern und Ingwer garnieren. Kurz vor dem Servieren mit der Sauce beträufeln.

SESAMPASTETE

胡麻豆腐

FÜR *8 PERSONEN* ***VORBEREITUNG*** *10 MINUTEN + 3 STUNDEN KÜHLZEIT* ***KOCHZEIT*** *10 MINUTEN*

FRISCHE PRODUKTE

400 ml stilles oder Mineralwasser oder vegetarische Dashibrühe mit *kombu* (Seite 206)

AUS DER SPEISEKAMMER

80 g Pfeilwurzmehl (Marante)

1 Prise Meersalz

60 g *nerigoma* (jap. Sesampaste, Seite 19) oder Tahin (oriental. Sesampaste)

Sojasauce mit Wasabi oder süße Misosauce (siehe Rezept für *nasu dengaku*, Seite 38)

Diese nahrhafte Sesampastete isst man einfach nur mit Sojasauce und Wasabi. Aber auch eine Sauce aus gesüßtem Miso passt hervorragend dazu – genießen Sie die Sauce aus dem Rezept für *nasu dengaku* (Seite 38).

—

Eine Kastenform (Fassungsvermögen 900 ml) mit Frischhaltefolie auslegen.

Pfeilwurzmehl, Mineralwasser (oder vegetarische Dashibrühe) und Salz in einer kleinen Schüssel verrühren. Ein feinmaschiges Sieb über einen Topf stellen und die Mischung durch das Sieb streichen, sodass sie keine Klümpchen mehr enthält.

Tahin oder *nerigoma* zugeben und alles gut verrühren. 8–10 Minuten bei mittlerer Hitze köcheln lassen, dabei ständig rühren, da die Mischung schnell anbrennt. Es soll eine sämige, weiße, dickliche Sauce entstehen.

Die Sauce in die vorbereitete Kastenform gießen und glatt streichen. Mindestens 3 Stunden im Kühlschrank fest werden lassen.

Die Pastete in acht rechteckige Scheiben schneiden und mit Sojasauce und Wasabi oder süßer Misosauce servieren.

CHICORÉESALAT MIT UMEBOSHI-DRESSING

チコリのサラダと梅ドレッシング

FÜR *4 PERSONEN* ***VORBEREITUNG*** *10 MINUTEN*

FRISCHE PRODUKTE

4 große rote und weiße Chicorée

2 EL frisch gehackter Kerbel oder frisch gehackte Frühlingszwiebeln

AUS DER SPEISEKAMMER

2 EL *umeboshi*-Paste (Paste aus marinierten Pflaumen, Seite 16)

2 EL Reisessig

2 EL Sonnenblumenöl

2 TL hellbrauner Zucker

4 g *katsuobushi* (getrocknete Bonitoflocken, Seite 16)

Die bitteren Chicoréeblätter schmecken mit dieser süß-sauren Sauce ungemein erfrischend. Die als *umeboshi* bezeichneten marinierten Pflaumen schmecken wie eine Mischung aus Pflaumen und Aprikosen. Da sie mariniert sehr salzig und sauer sind, eignen sie sich hervorragend zum Würzen einer Sauce.

—

Umeboshi-Paste, Essig, Öl, Zucker und *katsuobushi* mit 2 EL Wasser verrühren.

Den harten Strunk der Chicorée abschneiden und die Blätter abtrennen. Die Blätter waschen und in einem Sieb abtropfen lassen.

Die Chicoréeblätter erst kurz vor dem Servieren mit der Sauce vermengen. Den Salat auf einen Servierteller geben und mit Kerbel oder Frühlingszwiebeln bestreuen.

SHIRAAE (SALAT MIT TOFU-SESAM-PASTE)

白和え

***FÜR** 4 PERSONEN **VORBEREITUNG** 20 MINUTEN + 30 MINUTEN ABTROPFZEIT **KOCHZEIT** 5 MINUTEN*

FRISCHE PRODUKTE

340 g fester Tofu

8 frische Shiitakes (ohne Stiele), in Scheiben geschnitten

½ Karotte (etwa 80 g), geschält und in dünne Stifte geschnitten

100 g Blattspinat, dicke Rippen entfernt und Blätter in 3 cm große Stücke geschnitten

AUS DER SPEISEKAMMER

1 Prise Meersalz

2 EL Sojasauce

1 TL hellbrauner Zucker

2 EL Mirin

2 TL Miso

15 g Sesamsamen

Diese Paste aus Tofu und Sesamsamen erinnert an ein hochwertiges Hummus. Sie passt hervorragend zu Rohkost, vor allem, wenn man sie etwas stärker würzt (Rezept für einen Tofudip, Seite 52).

—

Den Tofu in Küchenpapier einwickeln und auf einen Teller legen. Einen weiteren Teller auflegen und mit einem Gewicht von etwa 500 g beschweren. 30 Minuten im Kühlschrank abtropfen lassen.

Die Shiitakes in einer Pfanne bei mittlerer Hitze etwa 2 Minuten dünsten. Aus der Pfanne nehmen und beiseitestellen.

Karotte, 50 ml Wasser und Salz in dieselbe Pfanne geben. 2 Minuten braten. Die Karotte in ein Sieb geben. Dann den Blattspinat in die Pfanne geben und 2 Minuten braten. Den Spinat zu der Karotte geben und beides unter kaltem Wasser abschrecken.

Sobald die Gemüse abgekühlt sind, mit den Händen das überschüssige Wasser ausdrücken. Den Tofu würfeln.

Tofuwürfel, Sojasauce, Zucker, Mirin und Miso vermischen und alles zu einer glatten Paste pürieren.

Die Sesamsamen im Mörser zerstoßen oder in einer Gewürzmühle mahlen. Kurz vor dem Servieren Tofupaste, Gemüse und gemahlene Sesamsamen vermengen.

— 6 REZEPTE MIT —

EI

01. ONSEN TAMAGO (WEICH GEKOCHTES EI)

温泉卵

—

1 l Wasser aufkochen und vom Herd nehmen. 200 ml lauwarmes Wasser zugießen. 2 Eier hinzufügen und 14 Minuten ziehen lassen.

Die Eier aus dem Topf heben, kalt abschrecken und 3 Minuten ruhen lassen.

Die Eier schälen und servieren. Für 2 Personen.

02. CHAWANMUSHI (SALZIGE EICREME)

茶碗蒸し

—

Wasser in einem Topf aufkochen. Es sollte so viel Wasser sein, dass vier hitzebeständige Schälchen zur Hälfte im Wasser stehen können.

2 Eier verquirlen und mit 400 ml eiskalter, selbst gemachter Dashibrühe (Seite 204), 2 TL Sojasauce und 1 Prise Salz verschlagen. Die Masse durch ein Sieb gießen.

8 geschälte Garnelen, 2 gehackte Shiitakes und 230 g gekochten und abgetrockneten Blattspinat auf vier Schälchen verteilen und mit der Eimasse übergießen. Mit je 2 dünnen Streifen Zitronenschale garnieren. Jedes Schälchen mit Alufolie abdecken.

Die Temperatur herunterschalten. Die Schälchen vorsichtig ins Wasser stellen, den Deckel auflegen und bei mittlerer Hitze 5 Minuten dämpfen. Den Herd ausschalten. Die Creme 15 Minuten zugedeckt ruhen lassen und servieren. Für 4 Personen.

03. JAPANISCHE EIERSUPPE

かきたま汁

—

800 ml Dashibrühe, selbst gemacht (Seite 204), in einem Topf bei mittlerer Hitze aufkochen.

1 EL Sojasauce, 2 TL Sake, ¼ TL Meersalz und 10 g frisch geriebenen Ingwer zugeben.

3 EL Speisestärke mit 3 EL Wasser verrühren. Den Topf vom Herd nehmen und die Mischung unterrühren.

Erneut auf den Herd stellen und köcheln lassen, bis die Brühe eingedickt ist. 2 leicht verquirlte Eier zugeben, unter vorsichtigem Schwenken des Topfes einrühren. Sobald die Eier teilweise geronnen sind, die Suppe auf Suppenschalen verteilen. Mit gehackten Frühlingszwiebeln bestreuen und servieren. Für 4 Personen.

04. HART GEKOCHTE EIER, IN SOJASAUCE MARINIERT

醤油卵

—

75 ml Sojasauce, 150 ml Sake und 3 EL Mirin aufkochen.

2 g Katsuobushi (getrocknete Bonitoflocken, Seite 16) zugeben und abkühlen lassen.

Wasser in einem Topf aufkochen. 2 Eier etwa bei mittlerer Hitze etwa 8 Minuten darin kochen. Den Topf vom Herd nehmen und die Eier kalt abschrecken.

Die Eier schälen und in die Marinade tauchen. In den Kühlschrank stellen.

1–3 Tage marinieren. Innerhalb von 3 Tagen verzehren. Für 2 Personen.

05. KINSHI TAMAGO (IN STREIFEN GESCHNITTENE PFANNKUCHEN)

錦糸卵

—

2 Eier, ½ TL Zucker, ½ TL Sake und 1 Prise Salz in einer kleinen Schüssel verschlagen.

Öl in einer antihaftbeschichteten Pfanne erhitzen. Ein Drittel der Eimasse zugeben und die Pfanne neigen, um die Eimasse gleichmäßig zu verteilen.

Bei schwacher bis mittlerer Hitze braten, bis die Eier fest zu werden beginnen, die Pfanne vom Herd nehmen und mit einem feuchten Küchentuch abdecken. 1 Minute ruhen lassen. Die Pfanne wieder auf den Herd stellen, den Deckel auflegen und noch 1 Minute braten. Den Pfannkuchen mit einem Pfannenwender auf ein Schneidbrett heben. Den Vorgang mit der restlichen Eimasse wiederholen.

Alle drei Pfannkuchen zusammen einrollen. In 3 mm dicke Scheiben schneiden. Für 3 Personen.

06. MIT MISO KANDIERTES EIGELB

黄身の味噌漬け

—

80 g weißes Miso mit 1 EL Mirin verrühren. Die Hälfte der Masse in einen Behälter füllen und zwei Vertiefungen hineindrücken.

Ein Musselintuch über das Miso legen und je 1 Eigelb in die Vertiefungen geben. Ein weiteres Tuch darüber legen und mit dem restlichen Miso bedecken.

Behälter verschließen und für 4 Tage in den Kühlschrank stellen. Die Eigelbe sollten fest, aber gelatineartig und leuchtend orange sein. Für 2 Personen.

1
2
3
4
5
6

AGEDASHI TOFU (FRITTIERTER TOFU)

揚げ出し豆腐

***FÜR** 4 PERSONEN* ***VORBEREITUNG** 20 MINUTEN* ***KOCHZEIT** 30 MINUTEN*

FRISCHE PRODUKTE

600 g Seidentofu

500 ml Dashibrühe, selbst gemacht (Seite 204) oder aus Dashipulver nach Packungsangabe zubereitet

1 Aubergine (etwa 270 g), in 2 cm dicke Scheiben geschnitten (das Fruchtfleisch kreuzförmig einschneiden)

2 Frühlingszwiebeln, in feine Streifen geschnitten und bis zur Verwendung in Eiswasser aufbewahrt

AUS DER SPEISEKAMMER

2½ EL Sojasauce

1½ EL hellbrauner Zucker oder Mirin

30 g Speisestärke oder Mehl

350 ml Sonnenblumenöl

1 Prise *shichimi togarashi* (Siebengewürzepulver, Seite 16, aus dem Handel oder selbst gemacht, Seite 166)

Tipp Ersetzen Sie Dashibrühe, Sojasauce und Zucker durch 2 EL *mentsuyu* (Würzkonzentrat, Seite 212), mit 450 ml heißem Wasser verdünnt.

Dieses reichhaltige und nahrhafte Gericht wird selbst Nichtvegetarier überzeugen. Servieren Sie dazu japanischen Pilaw mit Räuchermakrele & Ingwer (Seite 112) und grüne Bohnen mit Sesam (Seite 66).

—

Den Tofu in acht gleich große Rechtecke schneiden. Auf zwei Lagen Küchenpapier legen und 5 Minuten ruhen lassen. Das Küchenpapier auswechseln und den Tofu weitere 5 Minuten darauf ruhen lassen.

Dashibrühe, Sojasauce und Zucker oder Mirin (oder das in heißem Wasser verdünnte *mentsuyu*, siehe Tipp) bei geringer Temperatur vorsichtig erhitzen. Beiseitestellen.

Speisestärke oder Mehl in einen tiefen Teller geben und die Tofustücke kurz vor dem Frittieren darin wenden.

Das Öl in einer Pfanne auf 160 °C erhitzen. Die Tofustücke darin bei mittlerer Hitze frittieren, bis sie von jeder Seite goldbraun sind. Aus der Pfanne heben und auf Küchenpapier abtropfen lassen. Nun die Auberginenscheiben ebenso frittieren und auf Küchenpapier abtropfen lassen.

Die Brühe, falls nötig, erneut erhitzen. Tofu und Auberginen auf vier Schälchen verteilen und mit der heißen Brühe übergießen. Mit Frühlingszwiebeln und *shichimi togarashi* bestreuen.

ZWIEBEL-FENCHEL-SALAT

玉ねぎとフェンネル、鰹節のサラダ

***FÜR** 4 PERSONEN* ***VORBEREITUNG** 15 MINUTEN*

FRISCHE PRODUKTE

1 weiße Zwiebel

½ Fenchel (etwa 200 g)

AUS DER SPEISEKAMMER

1 g *katsuobushi* (getrocknete Bonitoflocken, Seite 16)

1 Prise *shichimi togarashi* (Siebengewürzepulver, Seite 16, aus dem Handel oder selbst gemacht, Seite 166)

75 ml *ponzu* (Würzsauce, aus dem Handel oder selbst gemacht, Seite 216)

Normalerweise werden nur Zwiebeln für diesen Salat verwendet, doch der milde Anisgeschmack des Fenchels passt so gut dazu, dass ich ihn unbedingt zugeben wollte. Da weiße Zwiebeln aus Spanien oder Italien meist etwas süßlicher schmecken, kann ich sie für dieses Rezept nur empfehlen.

—

Eine große Schüssel mit Eiswasser füllen.

Zwiebel und Fenchel mit einem Gemüsehobel über der Schüssel in sehr dünne Streifen schneiden, sodass sie ins Wasser fallen. 10 Minuten im Wasser ruhen lassen, bis das Gemüse schön knackig ist (dadurch wird die Zwiebel auch leichter verdaulich und geschmacklich etwas milder).

Das Gemüse in ein Sieb abgießen und sorgfältig abtropfen lassen. Auf einzelne Teller verteilen und mit *katsuobushi* und *shichimi togarashi* bestreuen. Kurz vor dem Servieren mit *ponzu* beträufeln.

MISOSUPPE MIT GEGRILLTEN AUBERGINEN & SESAM

茄子と練りごまの味噌汁

***FÜR** 4 PERSONEN* ***VORBEREITUNG** 5 MINUTEN* ***KOCHZEIT** 20 MINUTEN*

FRISCHE PRODUKTE

1 kleine Aubergine (etwa 170 g), längs halbiert und in 5 mm dicke, halbrunde Scheiben geschnitten

750 ml Dashibrühe, selbst gemacht (Seite 204) oder aus Dashipulver nach Packungsangabe zubereitet

20 g Rucola

AUS DER SPEISEKAMMER

4 TL Sesamsamen

4 EL rotes Miso

2 EL *nerigoma* (jap. Sesampaste, Seite 19) oder Tahin (oriental. Sesampaste)

Im Nahen Osten werden Auberginen häufig mit Sesam serviert. Diese köstliche Mischung kommt auch in diesem traditionell japanischen Gericht besonders gut zur Geltung.

—

Die Sesamsamen in einer kleinen Pfanne bei schwacher Hitze rösten, die Pfanne dabei gelegentlich rütteln, damit die Samen nicht anbrennen. Sobald sie knistern, die Pfanne vom Herd nehmen und abkühlen lassen. Die Samen in einem *suribachi* (jap. Reibschale) oder einem Mörser grob zerstoßen.

Die Auberginenscheiben in einer Grillpfanne bei starker Hitze von jeder Seite 2 Minuten grillen. Aus der Pfanne nehmen und beiseitestellen.

Die Dashibrühe in einem Topf bei mittlerer Temperatur erhitzen. Kurz bevor sie aufkocht, die Hitze reduzieren.

Miso und *nerigoma* in einer kleinen Schüssel vermischen und 1 Suppenkelle der Dashibrühe zugießen. Unter Rühren das Miso auflösen, dann die Mischung in den Topf geben. Die Brühe leicht erhitzen, sie darf nicht kochen.

Die Auberginenscheiben auf Suppenschalen verteilen und mit der Brühe aufgießen. Mit Sesamsamen und Rucolablättern bestreuen.

MUSCHELN IN SAKE

あさりの酒蒸し

FÜR *4 PERSONEN* ***VORBEREITUNG*** *10 MINUTEN + 1 STUNDE RUHEZEIT* ***KOCHZEIT*** *5–10 MINUTEN*

FRISCHE PRODUKTE

1 kg Venusmuscheln

30 g frischer Ingwer, geschält und in feine Stifte geschnitten

8 Frühlingszwiebeln, in dünne Ringe geschnitten

AUS DER SPEISEKAMMER

30 g Meersalz

150 ml Sake

Dieses Gericht eignet sich hervorragend für alle Eiligen, da es mit nur geringem Aufwand zubereitet werden kann. Die Muscheln allerdings sollten sorgfältig gewaschen werden.

—

Das Salz in einer Salatschüssel mit 1 l kaltem Wasser unter Rühren auflösen.

Die Muscheln in einen großen, tiefen Teller geben und mit dem Salzwasser übergießen, bis sie so gut wie vollständig bedeckt sind. Mit einem Tuch abdecken und mindestens 1 Stunde an einem dunklen, kalten Ort oder mehrere Stunden im Kühlschrank ruhen lassen.

Die Muscheln in ein Sieb abgießen und sorgfältig unter kaltem Wasser waschen. Die Muscheln sollten alle geschlossen sein. Alle Muscheln wegwerfen, die geöffnet sind und sich auch nicht schließen, wenn man auf die Schale klopft.

Mit Ingwer, Frühlingszwiebeln und Sake in einen großen Topf oder Wok geben und den Deckel auflegen. 5–10 Minuten bei starker Hitze kochen. Den Deckel abnehmen und die Muscheln prüfen. Wenn alle geöffnet sind, ist das Essen fertig. Muscheln, die sich nicht geöffnet haben, wegwerfen.

MISOSUPPE MIT SCHWEINE-FLEISCH & WURZELGEMÜSE

豚汁

FÜR *4 PERSONEN* ***VORBEREITUNG*** *5 MINUTEN* ***KOCHZEIT*** *25 MINUTEN*

FRISCHE PRODUKTE

400 g Schweineschulter in 5 mm dicke Scheiben geschnitten (oder Schweinebauch, in dünne Scheiben geschnitten und Fett entfernt)

240 g *daikon* (jap. Rettich, Seite 12), in Scheiben geschnitten und geviertelt

200 g Karotten, in halbrunde, 5 mm dicke Scheiben geschnitten

240 g Topinambur (etwa 4 mittelgroße) oder Klettenwurzel, in dünne Scheiben geschnitten

6 Frühlingszwiebeln, diagonal in feine Streifen geschnitten

AUS DER SPEISEKAMMER

½ TL Sonnenblumenöl

6 EL weißes Miso

1 Prise *shichimi togarashi* (Siebengewürzepulver, Seite 16, aus dem Handel oder selbst gemacht, Seite 166), zum Servieren

In Japan wird diese Suppe vor allem im Winter serviert. Traditionell wird sie mit Klettenwurzel zubereitet, die jedoch hierzulande nur schwer zu finden ist. Topinambur besitzt jedoch denselben erdigen Geschmack und ist eine hervorragende Alternative für diese wärmende Suppe.

—

Das Öl in einem Topf erhitzen. Fleisch, *daikon*, Karotten und Topinambur bei mittlerer Hitze etwa 3 Minuten anbraten.

1,5 l Wasser zugießen und aufkochen. Etwa 15 Minuten kochen, bis das Gemüse zart ist. Gelegentlich mit einem Schaumlöffel das Fett von der Oberfläche der Brühe abschöpfen.

Das Miso in einer kleinen Schüssel mit etwas Brühe verrühren, bis es vollständig gelöst ist. Die Mischung in den Topf geben, die Temperatur herunterschalten und bei schwacher Hitze 5 Minuten garen. Die Suppe darf nicht mehr kochen.

Die Suppe auf Schälchen verteilen und mit den Frühlingszwiebeln garnieren. Für einen würzigeren Geschmack mit etwas *shichimi togarashi* bestreuen.

NUDELN & REIS

HÄHNCHENTERIYAKI AUF REIS

照り焼きチキン丼

***FÜR** 4 PERSONEN **VORBEREITUNG** 15 MINUTEN **KOCHZEIT** 15–18 MINUTEN*

FRISCHE PRODUKTE

4 Hähnchenschenkel (à etwa 200 g), mit Haut, aber entbeint

90 ml *teriyaki*-Sauce (aus dem Handel oder selbst gemacht, Seite 218)

gekochter japanischer Reis (Seite 208)

4 Frühlingszwiebeln, gehackt

AUS DER SPEISEKAMMER

2 Blätter *nori* (getrocknete Alge, Seite 17)

1 Prise *shichimi togarashi* (Siebengewürzepulver, Seite 16, aus dem Handel oder selbst gemacht, Seite 166)

Jeder, ob klein oder groß, liebt dieses Gericht. Bereiten Sie ruhig eine zusätzliche Portion vor, um sie am nächsten Tag mit zur Arbeit zu nehmen.

—

Die Hähnchenhaut mehrfach mit einer Gabel einstechen. So kann das Fett entweichen und gelangt mit in die Sauce.

Die Hähnchenschenkel in einer Pfanne ohne Fett bei schwacher bis mittlerer Hitze mit der Hautseite nach unten anbraten (es sollte ein fetthaltiger Saft austreten). 9–10 Minuten garen, bis die Haut knusprig ist. Falls nötig, überschüssiges Fett mit Küchenpapier abnehmen. Die Hähnchenschenkel wenden und 4–6 Minuten von der anderen Seite braten.

Die *teriyaki*-Sauce zugießen. Die Schenkel sorgfältig in der Sauce wenden und noch 1 Minute braten. Die Pfanne vom Herd nehmen und die Schenkel in Streifen schneiden.

Den Reis auf vier Schalen verteilen. Die *nori*-Blätter mit den Fingern zerreißen und die Stücke über den Reis streuen. Die Fleischstreifen auflegen und mit den Frühlingszwiebeln garnieren. Zum Servieren mit *shichimi togarashi* bestreuen.

GEBACKENE AUBERGINEN MIT KALTEN UDON-NUDELN

揚げなすと玉ねぎの薄切りをのせた冷やしうどん

***FÜR** 4 PERSONEN* ***VORBEREITUNG** 15 MINUTEN* ***KOCHZEIT** 15 MINUTEN*

FRISCHE PRODUKTE

450 ml Dashibrühe, selbst gemacht (Seite 204) oder aus Dashipulver nach Packungsangabe zubereitet

½ Zwiebel (etwa 160 g), geschält und geviertelt

1 Aubergine (etwa 300 g), längs halbiert, dann in 12 Spalten geschnitten

300 g *daikon* (jap. Rettich, Seite 12), geschält und gerieben

AUS DER SPEISEKAMMER

2½ EL Sojasauce

1½ EL hellbrauner Zucker

250 ml Sonnenblumenöl

1 kg tiefgefrorene oder 400 g getrocknete Udon-Nudeln

1 Prise *shichimi togarashi* (Siebengewürzepulver, Seite 16, aus dem Handel oder selbst gemacht, Seite 166)

Tipp Ersetzen Sie Dashibrühe, Sojasauce und Zucker durch 4 EL *mentsuyu* (Würzkonzentrat, Seite 212), mit 450 ml Wasser verdünnt.

Dieses wunderbare Sommergericht besteht aus erfrischenden Udon-Nudeln und cremig zarten Auberginen. Genießen Sie es mit einem *onsen tamago* (weich gekochtes Ei, Seite 76).

—

Dashibrühe, Sojasauce und Zucker (oder *mentsuyu* und Wasser, siehe Tipp) verrühren und in den Kühlschrank stellen.

Einen Gemüsehobel über eine Schüssel mit Eiswasser stellen, die Zwiebel in feine Streifen schneiden und diese bis zum Servieren im Eiswasser lassen.

Das Öl in einem großen Topf erhitzen. Die Auberginenspalten darin bei mittlerer Hitze 3 Minuten braten, bis sie eine goldbraune Farbe angenommen haben. Mit einem Schaumlöffel herausheben und auf Küchenpapier abtropfen lassen.

In einem großen Topf Wasser zum Kochen bringen und die Nudeln darin nach Packungsangabe garen. Abgießen und unter kaltem Wasser abschrecken.

Die Nudeln auf vier Schalen verteilen. Mit Zwiebelstreifen, Auberginenspalten und *daikon* garnieren und mit der kalten Brühe aufgießen. Nach Belieben mit *shichimi togarashi* bestreuen.

KITSUNE UDON (UDON-NUDELN IN BRÜHE MIT FRITTIERTEM TOFU)

きつねうどん

***FÜR** 4 PERSONEN **VORBEREITUNG** 10 MINUTEN **KOCHZEIT** 15 MINUTEN*

FRISCHE PRODUKTE

4 Scheiben *aburaage* (dünne, frittierte Tofuscheiben), diagonal geviertelt

1,2 l Dashibrühe, selbst gemacht (Seite 204) oder aus Dashipulver nach Packungsangabe zubereitet

4 Frühlingszwiebeln, gehackt

AUS DER SPEISEKAMMER

3½ EL Sojasauce

5 EL hellbrauner Zucker

2 TL Mirin

1 kg tiefgefrorene oder 400 g getrocknete Udon-Nudeln

1 Prise *shichimi togarashi* (Siebengewürzepulver, Seite 16, aus dem Handel oder selbst gemacht, Seite 166), zum Servieren

Tipp Ersetzen Sie Dashibrühe, Sojasauce und Zucker durch 6 EL *mentsuyu* (Würzkonzentrat, Seite 212), mit 1,3 l heißem Wasser verdünnt.

In hauchdünnen Scheiben frittierter Tofu wird als *aburaage* bezeichnet. Er ist dem *atsuage* (Seite 36) ähnlich, doch ist er noch dünner und weicher. Sie finden ihn frisch oder tiefgefroren in den meisten Asialäden.

—

Wasser in einem kleinen Topf aufkochen, dann die Temperatur herunterschalten. Den frittierten Tofu zugeben und 2 Minuten garen. Den Topf vom Herd nehmen, den Tofu aus dem Wasser heben und durch leichtes Pressen überschüssiges Öl ausdrücken.

150 ml Wasser, 2 EL Sojasauce und 4 EL Zucker in einem anderen kleinen Topf bei mittlerer Temperatur erhitzen, bis der Zucker gelöst ist. Den Tofu zugeben und 3 Minuten köcheln lassen. Den Topf vom Herd nehmen und beiseitestellen.

Die Dashibrühe bei mittlerer bis starker Hitze aufkochen. Restliche Sojasauce (1½ EL), restlichen Zucker (1 EL) und Mirin zugeben. Die Mischung (oder *mentsuyu* und heißes Wasser, siehe Tipp) bis kurz vor den Siedepunkt erhitzen.

Wasser in einem großen Topf aufkochen. Die Nudeln nach Packungsangabe garen, in ein Sieb abgießen und kalt abschrecken.

Den frittierten Tofu bei schwacher Hitze erneut erwärmen. Die Nudeln auf vier Schalen verteilen und mit der Dashibrühe übergießen. Den heißen Tofu auflegen und mit Frühlingszwiebeln und *shichimi togarashi* bestreuen.

NUDELSALAT

冷やし中華

***FÜR** 4 PERSONEN* ***VORBEREITUNG** 30 MINUTEN* ***KOCHZEIT** 20 MINUTEN*

FRISCHE PRODUKTE

2 Hähnchenbrustfilets ohne Haut (etwa 300 g)

3 Pfannkuchen (Seite 76), in Streifen geschnitten

2 Tomaten, halbiert und in Scheiben geschnitten

½ Salatgurke (etwa 200 g), in dünne Stifte geschnitten

½ Portion Sesam-Miso-Sauce (Seite 100)

AUS DER SPEISEKAMMER

360 g Eiernudeln

30 g Ingwerpickles (Seite 180), fein gehackt

Genießen Sie dieses Gericht als einfaches, aber nahrhaftes Frühstück! Es enthält Gemüse, Fleisch, Eier und Kohlenhydrate. Als Variation können Sie auch Garnelen, in Tee geschmortes Schweinefleisch (Seite 138) oder in Sojasauce marinierte Eier (Seite 76) zugeben.

—

Die Hähnchenbrustfilets in einen Topf geben, mit Wasser aufgießen und bei mittlerer Hitze aufkochen. Sobald das Wasser kocht, den Herd ausschalten und das Fleisch 15 Minuten gar ziehen lassen.

Wasser in einem großen Topf bei starker Hitze aufkochen. Die Nudeln nach Packungsangabe garen, in ein Sieb abgießen und unter kaltem Wasser abschrecken.

Sobald das Hähnchenfleisch so weit abgekühlt ist, dass man es anfassen kann, aus dem Wasser heben und in Streifen schneiden.

Die Nudeln auf vier Teller verteilen. Hähnchenfleisch, Pfannkuchenstreifen, Tomaten und Gurken darauf anrichten. Mit der Sauce beträufeln und vor dem Servieren nach Belieben mit Ingwerpickles bestreuen.

RAMEN-NUDELN

ラーメン

***FÜR** 4 PERSONEN* ***VORBEREITUNG** 15 MINUTEN* ***KOCHZEIT** 10 MINUTEN*

FRISCHE PRODUKTE

1 l frische Hühnerbrühe

6 EL Marinade aus dem Rezept für in Tee geschmortes Schweinefleisch (Seite 138)

4 Frühlingszwiebeln (nur das Weiße), in Stifte geschnitten und bis zur Verwendung in Eiswasser aufbewahrt

8 Scheiben in Tee geschmortes Schweinefleisch (Seite 138)

2 hart gekochte Eier, in Sojasauce mariniert (Seite 76), halbiert oder 2 weich gekochte Eier

AUS DER SPEISEKAMMER

360 g Eiernudeln

Diese Variante ist leichter als das traditionelle Gericht. Wenn Sie es essen möchten wie in einem typischen *ramen*-Restaurant, servieren Sie es mit *karaage* (jap. Backhähnchen, Seite 42), oder zu Gyozas (Seite 54) mit Knoblauchöl (Seite 174).

—

Hühnerbrühe und Marinade in einem großen Topf bei mittlerer bis starker Hitze aufkochen. Warm halten.

In einem großen Topf Wasser aufkochen und die Nudeln nach Packungsangabe garen. In ein Sieb abgießen und kalt abschrecken.

Die Nudeln auf vier große Schalen verteilen. Frühlingszwiebeln, je zwei Scheiben Fleisch und ein halbes Ei darauf anrichten. Mit der Brühe übergießen und servieren.

KALTE UDON-NUDELN MIT SESAM-MISO-SAUCE

冷やしうどんとゴマだれ

FÜR *4 PERSONEN* ***VORBEREITUNG*** *10 MINUTEN* ***KOCHZEIT*** *5 MINUTEN*

FRISCHE PRODUKTE

400 ml Dashibrühe, selbst gemacht (Seite 204) oder aus Dashipulver nach Packungsangabe zubereitet

AUS DER SPEISEKAMMER

4 EL Sesamsamen

3 EL hellbrauner Zucker

4 EL rotes Miso

2 EL *nerigoma* (jap. Sesampaste, Seite 19) oder Tahin (oriental. Sesampaste)

¾ EL Sojasauce

1 kg tiefgefrorene oder 400 g getrocknete Udon-Nudeln

Es ist praktisch, diese sämige Sesamsauce immer im Kühlschrank zu haben. Sie eignet sich hervorragend für einen Salat mit Hähnchen oder Rohkost. Wenn Sie sie im Vorfeld zubereiten, geben Sie kein Dashi hinzu, so hält sie länger (bis zu 1 Woche im Kühlschrank). Rühren Sie die Dashibrühe erst kurz vor dem Servieren unter.

—

Die Sesamsamen in einer kleinen Pfanne ohne Fett bei schwacher Hitze rösten. Die Pfanne dabei gelegentlich rütteln, damit die Samen nicht anbrennen. Sobald sie zu knistern beginnen, die Pfanne vom Herd nehmen und die Samen abkühlen lassen. In einem *suribachi* (jap. Reibschale) oder Mörser grob zerstoßen.

Zucker, Miso, *nerigoma*, Sojasauce, Dashibrühe und Sesamsamen in einer Schüssel verrühren, bis der Zucker gelöst ist.

In einem großen Topf Wasser aufkochen und die Nudeln nach Packungsangabe garen. In ein Sieb abgießen und kalt abschrecken. Abkühlen lassen.

Die Nudeln auf vier Teller verteilen. Die Sauce in kleinen Schälchen getrennt dazu reichen. Die Nudeln in die Sauce tunken und genießen.

ZARU SOBA (KALTE SOBA-NUDELN)

ざるそば

FÜR *4 PERSONEN* ***VORBEREITUNG*** *10 MINUTEN* ***KOCHZEIT*** *5–6 MINUTEN*

FRISCHE PRODUKTE

180 ml *mentsuyu* (Würzkonzentrat, Seite 212)

15 g frisch geriebener Ingwer

4 Frühlingszwiebeln, fein gehackt

AUS DER SPEISEKAMMER

400 g Soba-Nudeln

2 TL Wasabi

20 g Sesamsamen, geröstet und zerstoßen

Natürlich können Sie *mentsuyu* auch fertig kaufen, aber hausgemacht schmeckt diese Würzsauce einfach besser. Da sie gut haltbar ist, können Sie sie in großen Portionen zubereiten. Dann ist dieses Gericht in nur wenigen Minuten fertig.

—

In einem großen Topf Wasser aufkochen und die Nudeln nach Packungsangabe garen. In ein Sieb abgießen und kalt abschrecken. Abkühlen lassen.

Das *mentsuyu* mit 120 ml kaltem Wasser verdünnen. Die Nudeln auf vier Teller verteilen. Die Sauce in vier kleine Schälchen zum Eintunken der Nudeln geben.

Ingwer, Frühlingszwiebeln und Sesamsamen auf kleine Schälchen verteilen und ebenfalls getrennt dazu reichen, sodass sich jeder selbst bedienen kann. Die Nudeln portionsweise in die Sauce tunken und genießen.

SOBA-SUPPE MIT ENTE

鴨そば

FÜR *4 PERSONEN* ***VORBEREITUNG*** *15 MINUTEN* ***KOCHZEIT*** *15 MINUTEN*

FRISCHE PRODUKTE

12 Frühlingszwiebeln, nur das Weiße

1,3 l Dashibrühe, selbst gemacht (Seite 204) oder aus Dashipulver nach Packungsangabe zubereitet

2 Entenbrustfilets (etwa 320 g), diagonal in dünne Scheiben geschnitten

4 große Zesten einer Bio-Zitrone, jeweils in 5 Stücke geschnitten

AUS DER SPEISEKAMMER

360 g Soba-Nudeln

4 EL Sojasauce

2 EL Mirin

2 TL hellbrauner Zucker

1 Prise *shichimi togarashi* (Siebengewürzepulver, Seite 16, aus dem Handel oder selbst gemacht, Seite 166)

Tipp Sie können Dashibrühe, Sojasauce und Zucker durch 6 EL *mentsuyu* (Seite 212) mit 1,3 l Wasser verdünnt, ersetzen.

Dieses schnell zubereitete Gericht ist geradezu ideal, wenn es draußen kalt ist. Die reichhaltige Brühe und die gegrillten Frühlingszwiebeln werden Sie wieder aufwärmen. Die Zitronenzesten sorgen für die Frische in dieser Nudelsuppe.

—

Die Frühlingszwiebeln in einer Grillpfanne bei starker Hitze 3–5 Minuten braten, bis sich die Pfannenrillen auf den Zwiebeln abzeichnen. Wenden und von der anderen Seite grillen. Aus der Pfanne nehmen und beseitestellen.

In einem großen Topf Wasser aufkochen und die Nudeln nach Packungsangabe garen. In ein Sieb abgießen und kalt abschrecken.

Die Dashibrühe in einem Topf erhitzen. Sojasauce, Mirin und Zucker bei mittlerer bis starker Hitze zugeben und aufkochen (oder *mentsuyu* und Wasser verwenden, siehe Tipp). Die Entenbrustscheiben in die Brühe geben und 2–3 Minuten mitkochen.

Die Nudeln auf vier Schalen verteilen und mit der Brühe übergießen. Mit Entenbrustscheiben, Zitronenzesten und Frühlingszwiebeln garnieren und mit *shichimi togarashi* bestreuen.

UDON-SUPPE MIT CURRY NACH KYOTOER ART

京風カレーうどん

FÜR *4 PERSONEN* ***VORBEREITUNG*** *10 MINUTEN* ***KOCHZEIT*** *15 MINUTEN*

FRISCHE PRODUKTE

4 Scheiben *aburaage* (dünne, frittierte Tofuscheiben)

1,2 l selbst gemachte Dashibrühe (Seite 204) mit 2 g zusätzlichem Dashipulver

16 Frühlingszwiebeln, diagonal in dicke Stücke geschnitten

AUS DER SPEISEKAMMER

6 EL Sojasauce

4 TL hellbrauner Zucker

1 kg tiefgefrorene oder 400 g getrocknete Udon-Nudeln

4 TL süßes Currypulver

4 EL Pfeilwurzmehl (oder normale Speisestärke)

Dieses Gericht heißt deswegen »nach Kyotoer Art«, weil es zwei Spezialitäten aus dieser Stadt enthält: Dashi und *aburaage* (dünne, frittierte Tofuscheiben). Die sämige Currybrühe und der frittierte Tofu ergänzen sich hervorragend mit der Milde der Frühlingszwiebeln.

—

Die *aburaage* in ein Sieb geben und mit kochendem Wasser übergießen, um das Öl zu entfernen. Jede Scheibe in acht Streifen schneiden.

Die Dashibrühe in einem Topf bei mittlerer Hitze erwärmen. Sojasauce und Zucker einrühren und warm halten.

In einem Topf Wasser aufkochen und die Nudeln nach Packungsangabe garen. In ein Sieb abgießen und kalt abschrecken.

Currypulver, Pfeilwurzmehl und 75 ml Wasser in einer kleinen Schüssel verrühren, bis alle Klümpchen gelöst sind. Die Mischung in die Dashibrühe geben und sorgfältig unterrühren. 2 Minuten köcheln lassen, bis die Brühe eingedickt ist. Nudeln und Frühlingszwiebeln zugeben und alles gut erhitzen.

Brühe und Nudeln auf vier Suppenschalen verteilen und servieren.

KAMATAMA UDON

釜玉うどん

FÜR *4 PERSONEN* ***VORBEREITUNG*** *10 MINUTEN* ***KOCHZEIT*** *5–10 MINUTEN*

FRISCHE PRODUKTE

4 Eigelb

4 Frühlingszwiebeln, gehackt

4 EL *mentsuyu* (Würzkonzentrat, Seite 212) oder Sojasauce

AUS DER SPEISEKAMMER

1 kg tiefgefrorene oder 360 g getrocknete Udon-Nudeln

12 g *katsuobushi* (getrocknete Bonitoflocken, Seite 16)

In Japan wird dieses Gericht als »Japanische Carbonara« bezeichnet. In der Präfektur Kagawa, die für ihre exzellenten Udon-Nudeln bekannt ist, finden sich an jeder Ecke Nudelgeschäfte, die sie als Snack anbieten.

—

In einem großen Topf Wasser aufkochen und die Nudeln nach Packungsangabe garen. In ein Sieb abgießen und kalt abschrecken.

Die Nudeln auf vier Schalen verteilen. Je ein Eigelb darauf geben und mit Frühlingszwiebeln und Bonitoflocken bestreuen. Mit *mentsuyu* oder Sojasauce beträufeln und servieren. Gründlich mit Stäbchen vermengen und genießen.

ZITRONEN-UDON

柑橘うどん

FÜR *4 PERSONEN* ***VORBEREITUNG*** *10 MINUTEN* ***KOCHZEIT*** *10 MINUTEN*

FRISCHE PRODUKTE

300 ml *ponzu* (Würzsauce, aus dem Handel oder selbst gemacht, Seite 216), eiskalt

2 Bio-Zitronen, in dünne Scheiben geschnitten

AUS DER SPEISEKAMMER

4 EL Sesamsamen

1 kg tiefgefrorene oder 400 g getrocknete Udon-Nudeln

Fertiges *ponzu* ist häufig etwas zu säuerlich, daher empfehle ich Ihnen, es selbst zuzubereiten (Seite 216). Die Würzsauce ist vielseitig einsetzbar, und es ist ungeheuer praktisch, sie immer griffbereit im Kühlschrank zu haben.

—

Die Sesamsamen in einer kleinen Pfanne ohne Fett bei schwacher Hitze rösten. Die Pfanne dabei gelegentlich rütteln, damit die Samen nicht anbrennen. Sobald sie zu knistern beginnen, die Pfanne vom Herd nehmen und abkühlen lassen. Die Samen in einem Mörser oder *suribachi* (jap. Reibschale aus Keramik) grob zerstoßen.

In einem großen Topf Wasser aufkochen und die Nudeln nach Packungsangabe garen. In ein Sieb abgießen und kalt abschrecken.

Die Nudeln auf vier Schalen verteilen. Das *ponzu* mit 300 ml eiskaltem Wasser verdünnen und über die Nudeln gießen. Mit Sesamsamen bestreuen und mit den Zitronenscheiben garnieren.

JAPANISCHER PILAW MIT RÄUCHERMAKRELE & INGWER

鯖の炊き込みご飯

FÜR *4 PERSONEN* ***VORBEREITUNG*** *15 MINUTEN + 45 MINUTEN RUHEZEIT* ***KOCHZEIT*** *12 MINUTEN*

FRISCHE PRODUKTE

50 g frischer Ingwer, geschält und in dünne Stifte geschnitten

2 geräucherte Makrelenfilets ohne Haut (etwa 150 g), gewürfelt

2 Frühlingszwiebeln, diagonal in kleine Stücke geschnitten und in Eiswasser aufbewahrt

AUS DER SPEISEKAMMER

300 g japanischer Reis

2 EL Sake

1½ EL Sojasauce

1½ EL Mirin

In Japan gibt es einen getrockneten Fisch, der als *himono* bezeichnet wird. Er wird in Salz eingelegt und luftgetrocknet. Je nach Pökelung hat er einen sehr konzentrierten Umami-Geschmack. Ich habe bei bestimmten Räucherfischen, die es bei uns in Japan wiederum nicht gibt, einige Ähnlichkeiten in Geschmack und Konsistenz gefunden.

—

Den Reis in ein feines Sieb geben und dieses in eine Schüssel mit 290 ml Wasser tauchen. Gründlich mit den Händen durchrühren. Sobald das Wasser milchig wird, das Sieb herausheben und die Schüssel ausleeren. Diesen Vorgang 3- bis 4-mal wiederholen, bis das Wasser so gut wie klar bleibt.

Den Reis in ein Sieb abgießen und 30 Minuten ruhen lassen. In einen Topf mit schwerem Boden (vorzugsweise aus Gusseisen) geben und mit Wasser bedecken. Sake, Sojasauce, Mirin und 20 g Ingwer zugeben. Einen schweren und gut schließenden Deckel auflegen.

Bei starker Hitze aufkochen, dann die Temperatur herunterschalten und 11 Minuten bei schwacher Hitze garen. Den Deckel während der Kochzeit nicht abheben (diese Regel sollte unbedingt eingehalten werden!). Den Topf vom Herd nehmen und den Reis 10 Minuten zugedeckt ruhen lassen.

Makrelenwürfel und restlichen Ingwer (30 g) zugeben. Alles gut vermischen und dabei den Reis mit einer Gabel auflockern. Den Deckel wieder auflegen und den Reis 5 Minuten ruhen lassen. Dann erst mit den Frühlingszwiebeln bestreuen und servieren.

ONIGIRI (REISBÄLLCHEN)

おにぎり

ERGIBT *10 BÄLLCHEN* ***VORBEREITUNG*** *20 MINUTEN + 5 STUNDEN RUHEZEIT* ***KOCHZEIT*** *15 MINUTEN*

FRISCHE PRODUKTE

160 g Lachsfilet, ohne Haut und Gräten

5 g *shiso* (Perillablätter, Seite 12) oder 10 g Frühlingszwiebel, gehackt

AUS DER SPEISEKAMMER

2 TL Fleur de sel

½ EL Sake

300 g japanischer Reis

10 g Sesamsamen, geröstet

Salz

10 Blätter *nori* (getrocknete Alge, Seite 17)

Diese Reisbällchen sind ideal für ein Frühstück auf der Arbeit oder für ein Picknick. Sie können sie mit unterschiedlichen Füllungen, wie etwa Daikon & Hackfleisch mit Miso (Seite 60), übrig gebliebenem japanischem Pilaw mit Räuchermakrele & Ingwer (Seite 112), ***umeboshi*** **(marinierte Pflaumen, Seite 16),** ***furikake*** **(Würzpulver, Seite 176) oder sogar mit Thunfisch in Mayonnaise, zubereiten.**

—

Das Lachsfilet von beiden Seiten mit 1 kräftigen Prise Fleur de sel bestreuen und mit Sake einpinseln. Das restliche Salz darüber streuen und kräftig einmassieren. Den Fisch 5 Stunden oder über Nacht ruhen lassen.

Den Reis wie auf Seite 208 beschrieben kochen.

Den Backofengrill einschalten. Den Lachs mit Küchenpapier abtupfen, auf ein mit Backpapier ausgelegtes Backblech geben und 5 Minuten von jeder Seite grillen. In kleine Stücke teilen.

Gekochten Reis, Fischstücke, Sesamsamen, *shiso* oder Frühlingszwiebel mit einem Küchenspatel vermengen.

Die Hände mit 1 kleinen Prise Salz bestreuen. Etwa 80 g Reis mit den Händen zu einem kleinen Kegel formen. Die *onigiris* zum Essen in ein *nori*-Blatt wickeln. Heiß oder kalt servieren.

Tipp Wenn es Ihnen zu mühsam ist, die *onigiris* mit der Hand zu formen, verwenden Sie Frischhaltefolie, damit es etwas schneller geht. ¼ TL Meersalz unter den Reis mischen. Etwas Folie auf der Arbeitsplatte auslegen und 80 g Reis in der Mitte auflegen. Mit der Folie einen Kegel formen oder zu einer Kugel rollen.

JAPANISCHES CURRY

カレーライス

***FÜR** 4 PERSONEN* ***VORBEREITUNG** 30 MINUTEN* ***KOCHZEIT** 50 MINUTEN*

FRISCHE PRODUKTE

1 große Zwiebel, gehackt

5 Knoblauchzehen, zerdrückt

30 g frischer Ingwer, geschält und gerieben

4 Hähnchenschenkel, ohne Haut und Knochen, fein gewürfelt

2 EL Butter

2 kleine Äpfel, geschält und gerieben

2 Karotten, grob gerieben

japanischer Reis, gekocht (Seite 208)

Gewürzgurken, Zwiebelpickles und 1 weich gekochtes Ei, zum Servieren (nach Belieben)

AUS DER SPEISEKAMMER

2 EL Sonnenblumenöl

4 EL Mehl

3 EL süßes Currypulver

200 g gehackte Tomaten (aus der Dose)

1,2 l Hühnerbrühe

2 EL Ketchup

3 EL Worcestersauce

1½ EL Honig

3 EL Sojasauce

1 TL Meersalz

Japaner verstehen es meisterhaft, Gerichte aus anderen Ländern für ihren eigenen Geschmack abzuwandeln. Für Currys aller Art und auch zahlreiche andere Gerichte haben sie eine wahre Leidenschaft entwickelt – und natürlich eine japanische Variante erfunden.

—

Das Öl in einem großen Topf erhitzen. Zwiebel, Knoblauch und Ingwer darin bei schwacher Hitze andünsten, bis die Zwiebelstücke etwas Farbe annehmen und zu karamellisieren beginnen. Bei mittlerer Hitze goldbraun braten, dann die Temperatur herunterschalten.

Das Hähnchenfleisch zugeben und 3 Minuten braten. Butter und Mehl untermischen und 2 Minuten anschwitzen. Das Currypulver unterrühren. Die gehackten Tomaten zugeben und weitere 5 Minuten köcheln lassen.

240 ml Hühnerbrühe zugießen und rühren, bis die Gewürze vollständig gelöst sind. Dann die restliche Brühe (960 ml) zugießen. Ketchup, Worcestersauce, Honig, Sojasauce, Äpfel und Karotten unterrühren. Einmal aufkochen, dann die Temperatur herunterschalten. Etwa 30 Minuten köcheln lassen, dabei gelegentlich umrühren, damit nichts anbrennt. Mit Salz abschmecken.

Den Reis auf Schalen verteilen und mit dem Curry bedecken. Gewürzgurken, Zwiebelpickles und ein weich gekochtes Ei dazu reichen.

木曽ひのき
木曽ひのき

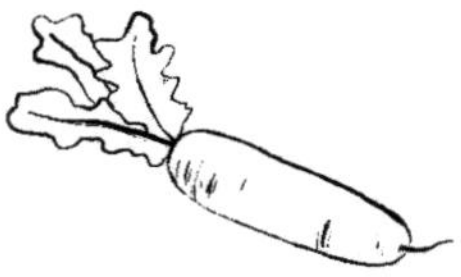

FISCH & FLEISCH

NANBANZUKE (MARINIERTER BRATFISCH)

南蛮漬け

FÜR *4 PERSONEN* ***VORBEREITUNG*** *30 MINUTEN* ***KOCHZEIT*** *20 MINUTEN*

FRISCHE PRODUKTE

300 ml Dashibrühe, selbst gemacht (Seite 204) oder aus Dashipulver nach Packungsangabe zubereitet

3 EL frisch gepresster Zitronensaft

500 g Lachsfilet, in 1,5 cm große Würfel geschnitten

1 Zwiebel, gehackt

1 Karotte, in dünne Stifte geschnitten

1 rote Paprikaschote und 1 grüne Paprikaschote, entkernt und in Streifen geschnitten

AUS DER SPEISEKAMMER

180 ml Reisessig

2½ EL Sojasauce

4½ EL Mirin

1½ EL Sake

1½ EL hellbrauner Zucker

Meersalz

frisch gemahlener schwarzer Pfeffer

30 g Speise- oder Kartoffelstärke

6 EL Sonnenblumenöl

Dies ist eine perfekte Mahlzeit für einen lauen Sommerabend. Sie kann als Vorspeise oder Hauptgang serviert werden. Bereiten Sie sie ruhig schon am Vortag zu, da sie noch besser schmeckt, wenn sie einen Tag durchziehen konnte.

—

Für die Marinade Dashibrühe, Zitronensaft, Reisessig, Sojasauce, Mirin, Sake und Zucker in einen Topf geben. Bei mittlerer Hitze einmal kurz aufkochen, vom Herd nehmen und abkühlen lassen.

Die Lachswürfel salzen, pfeffern und rundum mit Speisestärke bestäuben. In einer Pfanne 3 EL Öl erhitzen. Einige Lachswürfel darin bei mittlerer Hitze knusprig braten. Mit einer Zange aus der Pfanne heben und kurz auf Küchenpapier zum Abtropfen legen. Die noch heißen Lachswürfel in die Marinade geben. Mit den restlichen Lachswürfeln ebenso verfahren.

Die Pfanne mit Küchenpapier auswischen. Das restliche Öl (3 EL) erhitzen. Die Zwiebel darin bei mittlerer Hitze andünsten. Die Karottenstifte zugeben und noch 1 Minute dünsten. Die Paprikastreifen zugeben und weitere 2–3 Minuten braten; sie sollen knackig bleiben. Die Gemüsestücke noch heiß in die Marinade geben.

Dieses Gericht kann sofort serviert oder erst abgekühlt werden. Die Aromen entfalten sich so richtig nach einer Marinierzeit von mindestens 2–3 Stunden im Kühlschrank. Es kann bis zu 3 Tage im Kühlschrank aufbewahrt werden.

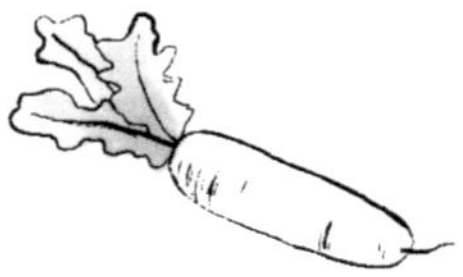

TEMPURA

天ぷら

FÜR *4 PERSONEN* ***VORBEREITUNG*** *25 MINUTEN* ***KOCHZEIT*** *20 MINUTEN*

FRISCHE PRODUKTE

1 gekühltes Ei

150 ml eiskaltes Mineralwasser

4 große Königsgarnelen, Schwanzflosse belassen, entdarmt

240 g *kabocha* (Winterkürbis), Butternutkürbis oder Süßkartoffel, in halbrunde, 5 mm dicke Scheiben geschnitten

8 Pimientos de padrón (span. kleine Chilischoten) oder 8 Blätter *shiso* (Perilla, Seite 12) (nach Belieben)

4 große Shiitakes, die Köpfe kreuzförmig eingeschnitten

AUS DER SPEISEKAMMER

750 ml Sonnenblumenöl

1 Prise Meersalz

160 g gekühltes Mehl

1½ TL Backpulver

Servieren Sie *mentsuyu* (Würzkonzentrat, Seite 212) zu diesen Tempuras. Die Sauce dazu mit heißem Wasser (2 EL Wasser auf 1½ EL *mentsuyu*) verdünnen. Würzen Sie die Tempuras mit etwas Teesalz (Seite 172).

—

Für dieses Rezept ist es sehr wichtig, dass Mehl und Ei gekühlt sind! Auch das Wasser muss eisig sein.

In einem großen Topf das Öl bei mittlerer Temperatur erhitzen. Den Backofen auf 100 °C vorheizen.

Ei, Eiswasser und Salz in einer großen Schüssel verquirlen. Gekühltes Mehl und Backpulver in die Schüssel sieben und vorsichtig untermischen. Es dürfen ruhig noch Klümpchen verbleiben. Der Teig sollte die Konsistenz einer dicken Creme haben.

Sobald das Öl eine Temperatur von 180 °C erreicht hat, 2–3 der frischen Produkte gleichzeitig in den Teig tauchen. Im Gegensatz zu den Garnelen oder *kabocha* sollten Chilischoten und Shiitakes nicht ganz in den Teig eingetaucht werden. Die mit Teig umgebenen Zutaten vorsichtig und portionsweise ins heiße Öl geben. 2 Minuten frittieren, bis der Teig knusprig ist.

Die frittierten Zutaten mit einer Zange herausheben, überschüssiges Öl abschütteln und die frittierten Stücke auf Küchenpapier abtropfen lassen. Sofort servieren und derweil die restlichen Zutaten frittieren oder im vorgeheizten Ofen warm halten. Nach Belieben mit heißer Brühe (Dashibrühe, Seite 204) oder mit Salz und *mentsuyu* (Würzzutat, Seite 212) servieren.

SASHIMI

刺身

***FÜR** 4 PERSONEN **VORBEREITUNG** 20 MINUTEN*

FRISCHE PRODUKTE

600 g Lachs-, Thunfisch- oder Gelbschwanzmakrelenfilet, ohne Haut und Gräten

200 g *daikon* (jap. Rettich, Seite 12), geschält, mit einer Gemüsereibe gehobelt und bis zur Verwendung in Eiswasser aufbewahrt

4 Blätter *shiso* (Perilla, Seite 12)

AUS DER SPEISEKAMMER

Wasabi und Sojasauce, zum Servieren

Tipp Schneiden Sie die Sashimis mit einem sehr scharfen Messer.

Gute Sashimis lassen sich nur zubereiten, wenn der Fisch so frisch wie möglich ist. Fragen Sie Ihren Fischhändler nach tagesfrischem Fisch. Wenn Sie für Ihre Sashimis einen großen Fisch, wie etwa Thunfisch oder Lachs, verwenden möchten, fragen Sie nach einem der Länge nach entnommenen Stück, in Japan als *saku* bezeichnet.

—

Das Fischfilet so auf ein Schneidebrett legen, dass die Seite, auf der die Haut war, oben liegt.

Den Ansatz der Messerklinge an das Fischfilet halten und eine 1 cm dicke Scheibe mit einem einzigen Schnitt abschneiden, indem Sie das Messer zu sich hinziehen. Die Fasern sollten nicht aufgeschnitten werden. Diesen Vorgang wiederholen, bis das gesamte Filet in Scheiben geschnitten ist.

Den *daikon* in ein Sieb abgießen. *Daikon, shiso*, Wasabi und Sashimis nebeneinander auf einem Servierteller anrichten. Schälchen mit Wasabi und Sojasauce zum Eintunken der Zutaten getrennt dazu reichen.

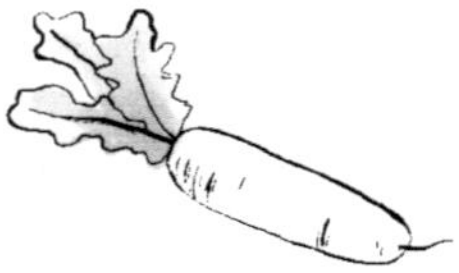

MIT YUZU MARINIERTER LACHS

サーモンの柚子マリネ

***FÜR** 4 PERSONEN ALS VORSPEISE* ***VORBEREITUNG** 10 MINUTEN + 8 STUNDEN MARINIERZEIT*

FRISCHE PRODUKTE

200 g Lachsfilet, ohne Haut und Gräten

½ Zwiebel (etwa 80 g), gehackt

100 g *daikon* (jap. Rettich, Seite 12) oder 8 Radieschen, geschält und gehackt

3 TL *yuzu*-Saft (Seite 14) oder Saft von ½ Zitrone und ½ Orange, gemischt

5 g abgeriebene Schale von 1 Bio-Zitrone

AUS DER SPEISEKAMMER

1 TL hellbrauner Zucker

2 TL Meersalz

2 EL extra natives Olivenöl

2 TL Sojasauce

1 Prise *shichimi togarashi* (Siebengewürzepulver, aus dem Handel oder selbst gemacht, Seite 166), zum Servieren

Sie können dieses Gericht gerne im Voraus zubereiten. Die angenehme Zitrussäure passt hervorragend zum Lachs. Frische und Knackigkeit von Rettich und Zwiebel sorgen für eine interessante Konsistenz. Die leichte Mahlzeit eignet sich perfekt für ein Frühstück im Sommer.

—

Das Lachsfilet einmal längs halbieren und von allen Seiten mit Zucker und Salz bestreuen. Die Fischstücke in Frischhaltefolie einwickeln und über Nacht im Kühlschrank ziehen lassen.

Zwiebel und *daikon* bis Verwendung in einer Schüssel mit Eiswasser aufbewahren.

Olivenöl, Sojasauce und *yuzu*-Saft in einer kleinen Schüssel verrühren.

Die Fischfilets mit einem scharfen Messer in Sashimis (Seite 124) schneiden. Die Sashimis auf einem Servierteller anrichten. Zwiebel und *daikon* in ein Sieb abgießen und mit Küchenpapier abtrocknen. Beides über den Sashimis verteilen und mit Zitronenschale bestreuen. Mit der *yuzu*-Sauce beträufeln und vor dem Servieren mit *shichimi togarashi* bestreuen.

NIGIRI SUSHI

握り寿司

***ERGIBT** 40–50 SUSHIS* ***VORBEREITUNG** 45 MINUTEN*

FRISCHE PRODUKTE

400 g rohes Fischfilet (Lachs, Thunfisch oder Gelbschwanzmakrele), ohne Haut und Gräten

Sushireis, gekocht und lauwarm (Seite 210)

4 Jakobsmuscheln, horizontal eingeschnitten und aufgeklappt wie ein Buch

50 g Lachsrogen

AUS DER SPEISEKAMMER

1 TL Reisessig

2 TL Wasabi

Sojasauce, zum Servieren

Tipp Für ein besseres Resultat sollte der Reis unbedingt lauwarm und nicht kalt verarbeitet werden.

Die Zubereitung von Sushis ist einfacher, als Sie denken – jedenfalls dann, wenn Sie nicht gleich zu einem japanischen Sushimeister avancieren möchten. Das Wichtigste ist, den Fisch so frisch wie möglich zu kaufen und ihn richtig zurechtzuschneiden (Seite 124). Auf Seite 210 erfahren Sie, wie man Sushireis richtig zubereitet.

—

Das Fischfilet in 5 cm lange, 3 cm breite und 1 cm dicke Scheiben schneiden (folgen Sie dazu den Anweisungen auf Seite 124).

Den Reisessig in eine kleine Schüssel mit etwas Wasser geben. Wasabi auf einem kleinen Teller bereitstellen. Die Hände mit dem Essigwasser anfeuchten, damit der Reis nicht kleben bleibt.

Etwa 20 g Reis in eine Hand nehmen und eine ovale Kugel formen. Drücken Sie nicht zu stark, damit die Reiskörner ihre Form behalten. Der Boden sollte abgeflacht und die Oberseite, die mit den Sashimis belegt wird, etwas abgerundet sein.

Die Sashimis von einer Seite mit etwas Wasabi bepinseln und mit dieser Seite nach unten auf eine Reiskugel legen. Dabei etwas andrücken, damit es hält. Diesen Vorgang mit den restlichen Reiskugeln und den restlichen Sashimis wiederholen. Sojasauce in separate Schüsselchen geben und mit dem Sushi servieren.

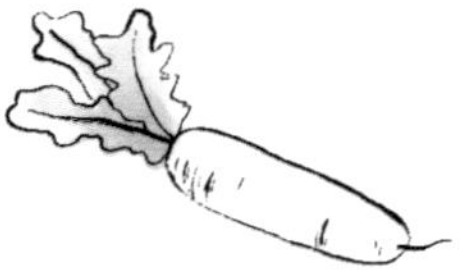

TEMAKI SUSHI (SUSHI IM HÖRNCHEN)

手巻き寿司

FÜR *4–6 PERSONEN* ***VORBEREITUNG*** *30 MINUTEN*

FRISCHE PRODUKTE

gekochter Sushireis, lauwarm (die Mengenangaben für das Rezept auf Seite 210 verdoppeln)

600–800 g gemischte Sashimis Ihrer Wahl: Gelbschwanzmakrelen-, Lachs-, Doraden-, Thunfisch- und Räuchermakrelenfilet, gekochte Garnelen und Krabben, Lachsrogen (Zuschnitt der Sashimis, Seite 124)

½ Salatgurke, in dünne Stifte geschnitten

1 Avocado, geschält, halbiert und in Scheiben geschnitten

shiso (Perillablätter, Seite 12) oder junge Kresse, zum Servieren

AUS DER SPEISEKAMMER

2 Blätter *nori* (getrocknete Alge, Seite 17), in Quadrate geschnitten

Wasabi, zum Servieren

Dieses Gericht eignet sich hervorragend, um es im Freundes- oder Familienkreis zu genießen. Zur Zubereitung benötigen Sie nur Sushireis und die hochwertigsten Zutaten, die Sie finden können. Für den geringen Aufwand macht es auf dem Tisch richtig was her, und Ihre Gäste werden begeistert sein, wenn sie ihre eigenen Sushis selbst komponieren können.

—

2 EL Reis auf 1 Blatt *nori* legen. Mit 2–3 Zutaten, wie beispielsweise Lachs, *shiso* und Avocado, bedecken. Das *nori*-Blatt so um Reis und Füllung wickeln, dass es die Form eines Hörnchens hat, oder einfach in der Mitte zusammenfalten.

Die Sushis vor dem Verzehr in Sojasauce tunken. Diesen Vorgang mit den restlichen Zutaten wiederholen.

Es gibt keine Regeln für die Füllung. Seien Sie kreativ und mischen Sie die Zutaten so, wie es Ihnen schmeckt. Thunfischmayonnaise, Hackfleisch mit Miso (Seite 60), Hähnchenteriyaki (Seite 90) und gerolltes Omelett (Seite 34) schmecken vor allem Kindern, wohingegen Vegetarier ein Tofusteak *teriyaki* (Seite 52) sicherlich zu schätzen wissen.

Sushis auf Teller verteilen und mit Wasabi servieren.

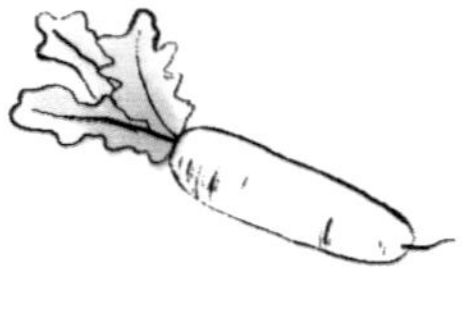

HOSOMAKI (KLEINE SUSHIROLLEN)

細巻き

***ERGIBT** 24 HOSOMAKIS* ***VORBEREITUNG** 30 MINUTEN*

FRISCHE PRODUKTE

320 g gekochter Sushireis, lauwarm (Seite 210)

120 g Salatgurke, Avocado oder Lachsfilet, ohne Haut und Gräten, je in 1 cm breite Streifen geschnitten

AUS DER SPEISEKAMMER

2 Blätter *nori* (getrocknete Alge, Seite 17), längs halbiert

Wasabi und Sojasauce, zum Servieren

Wenn Sie nicht im Besitz einer Sushimatte sind, kann ein sauberes Küchentuch denselben Zweck erfüllen. Natürlich sind die unterschiedlichsten Füllungen wie Gurke, Avocado, Lachs, Thunfisch denkbar.

—

Ein halbiertes *nori*-Blatt mit der glänzenden Seite nach unten flach auf den Ihnen zugewandten Rand der Matte legen. Eine kleine Schüssel mit Wasser danebenstellen. Die Finger anfeuchten und 80 g Reis entlang der Mitte des Blattes verteilen, dabei an den äußeren Rändern je 1 cm frei lassen. Einen Gurken-, Avocado- oder Lachsstreifen längs auf die Mitte des Reises setzen.

Die Matte am Ihnen zugewandten Rand anheben und fest nach vorne über die Füllung rollen. Es muss eine feste Rolle entstehen, bei der die freien Seiten des *nori*-Blatts übereinanderliegen und die Reisfüllung fest umschließen.

Die Matte auseinanderrollen, die Ränder des *nori*-Blatts anfeuchten und erneut in der Matte einrollen. Diesen Vorgang mit den restlichen Blättern und Zutaten wiederholen.

Die Rollen auf ein Schneidbrett legen und die Messerklinge anfeuchten. Eine Rolle halbieren. Beide Hälften Seite an Seite nebeneinanderlegen und gleichzeitig in insgesamt acht gleich große Stücke schneiden. Mit den restlichen Rollen ebenso verfahren.

Wasabi und Sojasauce in separaten Schälchen dazu servieren.

INARI SUSHI (SUSHI IN FRITTIERTEM TOFU)

いなり寿司

***ERGIBT** 20 INARI* ***VORBEREITUNG** 1 STUNDE* ***KOCHZEIT** 10 MINUTEN*

FRISCHE PRODUKTE

20 *aburaage* (dünne Scheiben frittierter Tofu)

gekochter Sushireis, lauwarm (Seite 210)

150 g *edamame* (jap. Bohnen), enthülst, 2 Minuten in siedendem Wasser gekocht und in kaltem Wasser abgeschreckt

30 g Ingwerpickles (Seite 180), in dünne Scheiben geschnitten

AUS DER SPEISEKAMMER

1½ EL Sojasauce

1 EL hellbrauner Zucker

1 EL schwarze oder weiße Sesamsamen, geröstet

Verwenden Sie lieber quadratische als rechteckige Scheiben *aburaage*, da Sie sonst zu viel Tofu verschwenden.

—

Die frittierten Tofuscheiben einmal in der Mitte durchschneiden, sodass Tofurechtecke entstehen. Vorsichtig an der Schnittkante öffnen, ohne die so entstehende Tasche zu zerreißen.

Die Tofutaschen in einem Topf mit kochendem Wasser bei starker Hitze 2 Minuten kochen, um das überschüssige Öl auszuwaschen. In ein Sieb abgießen und abkühlen lassen. Mit den Händen einmal auswringen.

Sojasauce, Zucker und 75 ml Wasser in einer Schüssel verrühren. Die Tofutaschen möglichst nebeneinander in einen Topf legen und mit der Sojamischung übergießen. Bei schwacher Hitze 5 Minuten köcheln lassen, bis der Tofu den größten Teil der Sauce aufgenommen hat. Im Topf abkühlen lassen.

Den Sushireis in einer Schüssel mit Sesamsamen, Bohnen und Ingwer vermischen.

Sobald die Tofutaschen abgekühlt sind, mit je 1 EL der Reismischung füllen und mit der Öffnung nach oben auf einem Servierteller anrichten.

JAPANISCHES FONDUE

鍋

FÜR *4 PERSONEN* ***VORBEREITUNG*** *20 MINUTEN* ***KOCHZEIT*** *10 MINUTEN*

FRISCHE PRODUKTE

370 ml *ponzu* (Würzsauce, aus dem Handel oder selbst gemacht, Seite 216)

600 g Schweinebauch, in dünne Scheiben geschnitten, Hähnchenkeulen, in kleine Stücke geschnitten, Fischfilets (Lachs oder Kabeljau) oder Tofu

¼ Chinakohl, in kleine Stücke geschnitten

1 Bund Frühlingszwiebeln oder 1 Lauchstange, in Ringe geschnitten

300 g gemischte Pilze (Shiitakes, Enoki und Shimeji)

¼ *daikon* (jap. Rettich, Seite 12), gerieben

AUS DER SPEISEKAMMER

1 Blatt *kombu* (10 cm, getrocknete Alge, Seite 16)

shichimi togarashi (Siebengewürzepulver, aus dem Handel oder selbst gemacht, Seite 166), zum Servieren

Dieses Gericht bedarf keiner aufwendigen Zubereitung. Sie benötigen dazu nur einen Rechaud oder eine elektrische Herdplatte. Sie können auch Misosauce (Seite 168) dazu reichen.

—

Das *kombu*-Blatt in einem flachen Schmortopf (vorzugsweise ein japanischer *donabe*) in 1 l Wasser einweichen. Falls Sie keinen *donabe* besitzen, tut es auch ein flacher Topf, der groß genug ist, um die Zutaten darin zu garen.

Die *ponzu*-Sauce auf vier flache Schälchen verteilen.

Einen Rechaud auf den Tisch stellen und Wasser in dem Topf aufkochen, dann die Temperatur herunterschalten und bei schwacher Hitze köcheln lassen. Ein Viertel der frischen Zutaten zugeben, den Deckel auflegen und 2 Minuten köcheln lassen.

Den Deckel abnehmen. Jeder kann sich nun die Zutaten mit Stäbchen herausfischen und vor dem Verzehr in die *ponzu*-Sauce tunken. Nach Belieben geriebenen *daikon* und *shichimi togarashi* zugeben. Sobald der erste Schwung verzehrt ist, den zweiten kochen und genießen. So fortfahren, bis alle Zutaten verspeist worden sind.

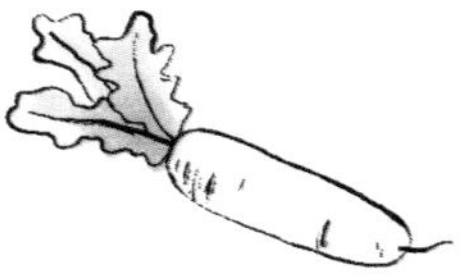

IN TEE GESCHMORTES SCHWEIN

紅茶豚

FÜR *2–3 PERSONEN* ***VORBEREITUNG*** *5 MINUTEN + 8 STUNDEN KÜHLZEIT* ***KOCHZEIT*** *2–3 STUNDEN*

FRISCHE PRODUKTE

200 g gerollter Schweinebauch

2 Knoblauchzehen, gehackt

AUS DER SPEISEKAMMER

2 Teebeutel English Breakfast Tea

375 ml Sojasauce

170 ml Sake

170 ml Mirin

2 EL hellbrauner Zucker

Dieser Braten schmeckt kalt und mit etwas japanischem oder westlichem Senf ganz hervorragend. Sie können ihn aber auch auf Salat oder gewürfelt und mit gebratenem Reis vermischt servieren. Ich gebe zu, dass er mir mit Ramen-Nudeln (Seite 98) am besten schmeckt.

—

Den Schweinebauch mit den Teebeuteln in einen großen Topf geben und mit Wasser aufgießen. Aufkochen, dann die Temperatur herunterschalten. Bei schwacher Hitze 2–3 Stunden köcheln lassen, bis das Fleisch zart ist.

Sojasauce, Sake, Mirin und Zucker in einem kleinen Topf bei starker Hitze aufkochen. Sobald die Sauce kocht, den Topf vom Herd nehmen und den Knoblauch zugeben.

Das Schweinefleisch in diese Sauce legen und über Nacht im Kühlschrank ruhen lassen. Das Fleisch hält sich gekühlt bis zu 1 Woche, solange es von der Sauce bedeckt ist.

TATAKI VOM RIND (RINDERFILETBRATEN)

牛肉のたたき

***FÜR** 4 PERSONEN **VORBEREITUNG** 20 MINUTEN **KOCHZEIT** 5 MINUTEN*

FRISCHE PRODUKTE

400 g Filetspitzen vom Rind

4 EL Clementinensaft

1 Knoblauchzehe, mit der Messerklinge flach gedrückt, aber nicht zerdrückt

1 Zwiebel, gehackt und bis zur Verwendung in Eiswasser aufbewahrt

60 g Kresse

200 g *daikon* (jap. Rettich, Seite 12), fein gerieben und bis zur Verwendung in Eiswasser aufbewahrt (nach Belieben)

AUS DER SPEISEKAMMER

Meersalz

frisch gemahlener schwarzer Pfeffer

2 EL Mirin

2 EL Sake

4 EL Sojasauce

2 EL Reisessig

1 EL geröstetes Sesamöl

Die Zubereitung dieses köstlichen und festlichen Gerichts ist sehr einfach und bietet sich an, wenn Sie Gäste haben. Hierbei ist es besonders wichtig, dass Sie Filetspitzen verwenden, da sie nur sehr kurz gebraten werden. Im Übrigen sind sie preiswerter als Filet. Sie können dieses Gericht aber auch mit Roastbeef zubereiten.

—

Das Fleisch aus dem Kühlschrank nehmen und Zimmertemperatur annehmen lassen. Salzen und pfeffern.

Für die Sauce Mirin und Sake in einem kleinen Topf langsam erhitzen. Vom Herd nehmen und Sojasauce, Reisessig, Clementinensaft sowie Knoblauch zugeben.

Das Öl in einer Pfanne erhitzen. Das Fleisch darin bei mittlerer bis starker Hitze 1–2 Minuten von allen Seiten anbraten. Die Pfanne vom Herd nehmen und das Fleisch mindestens 10 Minuten ruhen lassen.

Die Zwiebel in ein Sieb abgießen, mit der Kresse vermischen und auf einem Servierteller anrichten. Das Fleisch in 5 mm dicke Scheiben schneiden und auf den Zwiebel-Kresse-Salat legen. Den *daikon* abgießen und vor dem Servieren unter die Sauce rühren. Fleisch und Salat mit der Sauce beträufeln und servieren.

Tipp Sie können die Sauce auch in einer größeren Menge zubereiten und in einem sauberen Schraubglas bis zu 2 Wochen im Kühlschrank aufbewahren.

KUSHIKATSU (PANIERTE SPIESSE)

串カツ

FÜR 4 PERSONEN *VORBEREITUNG 40 MINUTEN* *KOCHZEIT 10 MINUTEN*

FRISCHE PRODUKTE

600 g Schweineschulter, in 2 × 9 cm große Streifen geschnitten

½ große Zwiebel, geviertelt

4 Okraschoten ohne Stiele

2 Eier, mit 1 Prise Salz leicht verquirlt

tonkatsu-Sauce (aus dem Handel oder selbst gemacht, Seite 214), zum Servieren

AUS DER SPEISEKAMMER

70 g Mehl, mit 1 Prise Salz und Pfeffer vermischt

100 g *panko* (jap. Paniermehl, Seite 18) oder normales Paniermehl

500 ml Sonnenblumenöl

Osaka ist bekannt für ihr *kushikatsu*, es gibt Hunderte von Snackbars in der Stadt, die auf dieses Gericht spezialisiert sind. Auf den Speisekarten findet man die unterschiedlichsten, mit *panko* (jap. Paniermehl) panierten Gemüse- und Fleischspieße. Die Kunden teilen sich große Schalen mit Sauce, während Schilder darauf hinweisen, dass es aus hygienischen Gründen strikt untersagt ist, dasselbe Stück 2-mal in die Sauce zu tunken.

—

Acht Holz- oder Bambusspieße 30 Minuten in einer Schüssel mit Wasser einweichen.

Die Zutaten in folgender Reihenfolge gleichzeitig auf zwei parallele Spieße stecken: Schweinefleisch, Zwiebel, Okraschote, Schweinefleisch.

Mehl, Eier und *panko* oder Weißbrotmehl auf drei tiefe Teller verteilen. Die Spieße im Mehl wenden und überschüssiges Mehl abschütteln. Dann ins Ei tauchen und anschließend im Paniermehl wenden.

Das Öl in einer tiefen Pfanne auf 180 °C erhitzen. Je zwei *kushikatsu* zusammen bei starker Hitze etwa 4 Minuten frittieren, bis sie goldbraun und knusprig sind. Mit einer Zange oder einem großen Schaumlöffel aus dem Öl heben. Auf Küchenpapier abtropfen lassen und im Backofen bei niedriger Temperatur warm halten, bis alle Spieße frittiert sind.

Die fertigen *kushikatsu* kurz vor dem Servieren einmal längs durchschneiden, sodass acht einzelne Spieße entstehen. Mit der *tonkatsu*-Sauce servieren.

IN MISO MARINIERTER LACHS

鮭の西京味噌

***FÜR** 4 PERSONEN* ***VORBEREITUNG** 15 MINUTEN + 30 MINUTEN KÜHLZEIT + 8 STUNDEN MARINIERZEIT* ***KOCHZEIT** 10 MINUTEN*

FRISCHE PRODUKTE

4 Lachsfilets (à 120 g), mit Haut und ohne Gräten

AUS DER SPEISEKAMMER

½ TL Meersalz

2 EL *saikyo miso* (weißes süßes Miso, Seite 21)

3 EL Mirin

1½ EL Sake

2 TL Zucker

Diese Misomarinade sollte im Kühlschrank aufbewahrt werden. Sie kann 2- bis 3-mal für unterschiedliche Zutaten verwendet werden. *Saikyo miso* ist ein weißes, sehr süß-salziges Miso, das geschmacklich an salzigen Cremepudding erinnert. Ersetzen Sie ihn nicht durch gewöhnliches weißes Miso, das sehr viel salziger schmeckt (auf den Seiten 20–21 erfahren Sie mehr darüber).

—

Die Lachsfilets von beiden Seiten salzen und 30 Minuten im Kühlschrank ziehen lassen.

Miso, Mirin, Sake und Zucker verrühren und auf einen kleinen Teller (nicht aus Metall) oder in einen Plastikbeutel geben.

Die Lachsfilets mit Küchenpapier abtupfen und in die Marinade oder in den Plastikbeutel mit der Marinade legen. Am besten über Nacht in den Kühlschrank legen (je länger sie mariniert werden, desto mehr Geschmack nehmen sie an).

Den Backofengrill einschalten.

Die Fischfilets mit Küchenpapier abtupfen, um die Marinade zu entfernen. Auf ein mit Backpapier ausgelegtes Backblech legen und 4 Minuten von jeder Seite grillen. Den Fisch dabei im Auge behalten, da die Misomarinade leicht entflammbar ist.

CHIRASHI SUSHI

ちらし寿司

***FÜR** 4–5 PERSONEN* ***VORBEREITUNG** 40 MINUTEN + 1 STUNDE 30 MINUTEN EINWEICHZEIT*
***KOCHZEIT** 10 MINUTEN*

FRISCHE PRODUKTE

80 g Karotten, in dünne Stifte geschnitten

80 g Zuckerschoten, gehackt

gekochter Sushireis, lauwarm (die Mengenangaben für das Rezept auf Seite 210 verdoppeln)

in Streifen geschnittene Pfannkuchen (die Mengenangaben für das Rezept auf Seite 76 verdoppeln)

200 g Sashimis Ihrer Wahl: Lachs oder Gelbschwanzmakrele (Zuschnitt der Sashimis, Seite 124)

50 g Lachsrogen (nach Belieben)

Ingwerpickles (Seite 180), zum Servieren

AUS DER SPEISEKAMMER

20 g getrocknete Shiitakes (etwa 8 ganze Pilze)

2 EL Sojasauce, + ein wenig mehr, zum Eintunken der Sashimis

2 TL hellbrauner Zucker

2 EL Sesamsamen, geröstet

Das ist eine wirklich festliche Mahlzeit! Die Zutaten variieren je nach Region und Familientradition. Dieses Gericht kann auch im Voraus zubereitet werden und ist tatsächlich spektakulär. Es eignet sich perfekt für eine feine Abendgesellschaft!

—

Die Shiitakes 1 Stunde 30 Minuten in heißem Wasser oder über Nacht in lauwarmem Wasser einweichen. In ein Sieb abgießen, dabei das Einweichwasser für eine gute Brühe aufbewahren. Die Stiele abziehen und die Pilze fein hacken.

Die Shiitakes mit Sojasauce und Zucker in einem Topf bei mittlerer Hitze 2 Minuten dünsten. Karotten und Zuckerschoten zugeben und weitere 2 Minuten dünsten. Vom Herd nehmen und abkühlen lassen. Abgekühltes Gemüse und Sesamsamen mit dem Sushireis vermischen.

Den Reis auf einen großen Servierteller geben und mit den in Streifen geschnittenen Pfannkuchen bedecken. Die Sashimis darauf anrichten und mit den Lachsrogen garnieren. Mit Ingwerpickles und kleinen Schälchen mit Sojasauce zum Eintunken der Sashimis servieren.

Tipp Wenn Sie das Gericht bereits morgens vorbereiten, um es am Abend zu servieren, sollten Sie Gemüse und Sesamsamen noch nicht mit dem Reis vermengen. Bedecken Sie alles mit einem feuchten Tuch und bewahren Sie es am kältesten Ort Ihrer Wohnung auf. Erst kurz vor dem Servieren garnieren. Den Reis nicht in den Kühlschrank stellen, da er sonst hart wird.

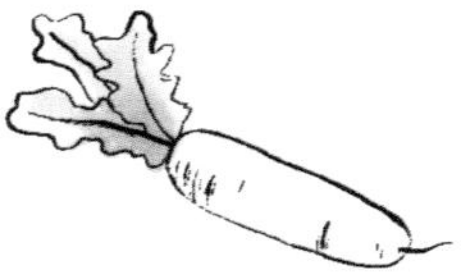

SCHWEINEBAUCH MIT SOJASAUCE

豚の角煮

***FÜR** 4 PERSONEN* ***VORBEREITUNG** 10 MINUTEN* ***KOCHZEIT** 1 STUNDE 40 MINUTEN*

FRISCHE PRODUKTE

1 kg Schweinebauch, ohne Knochen und Haut, in 4 cm große Würfel geschnitten

2 Frühlingszwiebeln, halbiert

2 große Knoblauchzehen, mit der Messerklinge flach gedrückt, aber nicht zerdrückt

1 Stück frischer Ingwer (3 cm), geschält und in feine Streifen geschnitten

4 Eier (Zimmertemperatur)

AUS DER SPEISEKAMMER

5 EL Sojasauce

4 EL Sake

3 EL hellbrauner Zucker

japanischer oder englischer Senf, zum Servieren (nach Belieben)

Dieses langsam geschmorte Schweinefleisch ist ein typisches Wintergericht. Die Vorbereitung nimmt einige Zeit in Anspruch, doch die Mühe lohnt sich. Scharfer japanischer oder englischer Senf, aber auch *yuzu kosho* (grüne Zitronenpaste, Seite 170) passen hervorragend dazu.

—

Den Schweinebauch mit Frühlingszwiebeln, Knoblauch und der Hälfte des Ingwers in einen großen Topf geben. Mit Wasser aufgießen und aufkochen. Die Temperatur herunterschalten und 1 Stunde bei mittlerer bis schwacher Hitze köcheln lassen, dabei gelegentlich den Schaum von der Oberfläche abschöpfen.

Wasser in einem kleinen Topf aufkochen und die Temperatur herunterschalten. Die Eier 8 Minuten bei mittlerer Hitze garen. In kaltem Wasser abschrecken und schälen.

Den Topf mit dem Fleisch vom Herd nehmen. Das Fleisch mit einer Zange in einen anderen großen Topf heben. Sojasauce, Sake, Zucker und restlichen Ingwer zugeben. Die Brühe zugießen, bis das Fleisch bedeckt ist und alles bei mittlerer Hitze aufkochen. Die Temperatur herunterschalten und 30 Minuten köcheln lassen. Die Eier 10 Minuten vor dem Servieren hinzufügen, damit sie noch einmal heiß werden.

Das Gericht sofort servieren oder für einen intensiveren Geschmack abkühlen lassen und erneut erhitzen, damit das Fleisch mehr Sauce aufnehmen kann. Nach Belieben mit Senf servieren.

SUSHI MIT SALZMAKRELE

鯖寿司

***ERGIBT** 16 SUSHIS* ***VORBEREITUNG** 30 MINUTEN + 1 STUNDE IM SALZ + 40 MINUTEN MARINIERZEIT*

FRISCHE PRODUKTE

2 große frische Makrelenfilets (à 150 g, bitten Sie Ihren Fischhändler, die Filets auszulösen und die Gräten zu entfernen)

6–8 Blätter *shiso* (Perillablätter, Seite 12, nach Belieben)

gekochter Sushireis, lauwarm (Seite 210)

AUS DER SPEISEKAMMER

15 g Meersalz

1 Blatt *kombu* (getrocknete Alge, Seite 16), in 10 cm große Quadrate geschnitten

300 ml Reisessig (oder mehr zum Bedecken der Fischfilets)

Sojasauce, zum Servieren

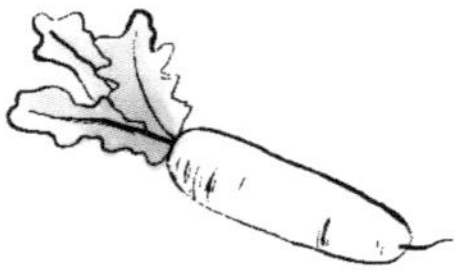

Die Stadt Kyoto liegt im Landesinneren. In früheren Zeiten war es mangels schneller Transportwege schwierig, hier an frischen Fisch wie Makrele zu kommen. Dieses Rezept stammt aus einer Zeit, in der es daher nötig war, die Makrelen in Salz einzulegen, um sie zu konservieren.

—

Die Makrelenfilets von beiden Seiten salzen. Auf einen Teller legen und 1 Stunde im Kühlschrank ziehen lassen. In einer Schüssel mit Wasser zügig abwaschen (nicht unter fließendes Wasser halten, da das Fleisch sehr zart ist) und mit Küchenpapier trocken tupfen.

Die Fischfilets in einen tiefen Teller legen und das *kombu*-Blatt auflegen. Mit dem Reisessig aufgießen, bis sie gerade bedeckt sind. 20 Minuten marinieren. Die Filets wenden und weitere 20 Minuten (oder ganz nach Geschmack bis zu 3 Stunden) marinieren.

Die Filets abtrocknen und mit der Hautseite nach oben auf ein Schneidbrett legen. Den dünnen Film auf der Haut abziehen, ohne die Haut zu zerstören.

Eine Sushimatte mit Frischhaltefolie auslegen. Ein Fischfilet mit der Hautseite nach unten mittig auf die Matte legen. Mit der Hälfte der *shiso*-Blätter bedecken. Die Hälfte des Reises zu einer Wurst formen und längs auf das Fischfilet legen. Die Matte anheben und so zusammenrollen, dass der Reis fest an das Fischfilet gedrückt wird. Die Matte wieder aufrollen und mit dem zweiten Fischfilet ebenso verfahren.

Jedes Fischfilet in acht gleich große Stücke schneiden und mit Sojasauce servieren. Es ist übrigens besser, den Reis am kältesten Ort Ihrer Wohnung als im Kühlschrank aufzubewahren, damit er nicht hart wird.

TONKATSU (JAPANISCHES SCHNITZEL)

とんかつ

***FÜR** 4 PERSONEN* ***VORBEREITUNG** 30 MINUTEN* ***KOCHZEIT** 15 MINUTEN*

FRISCHE PRODUKTE

4 Schweineschnitzel (à 170 g, Zimmertemperatur)

2 Eier, leicht verquirlt

400 g Weißkohl, in dünne Streifen geschnitten und in einer Schüssel mit Eiswasser aufbewahrt

120 ml *tonkatsu*-Sauce (Seite 214)

AUS DER SPEISEKAMMER

Meersalz

frisch gemahlener schwarzer Pfeffer

4 EL Mehl

120 g *panko* (jap. Paniermehl, Seite 18)

500 ml Sonnenblumenöl

Das *tonkatsu* ist eines der beliebtesten Gerichte der *yo-shoku* (westlich inspirierte japanische Küche). Sie können das Fleisch auch zu *katsu sandwichs* verarbeiten. Dazu geröstetes Brot mit Butter bestreichen, mit einem *tonkatsu* belegen, mit *tonkatsu*-Sauce beträufeln und mit den Kohlstreifen garnieren. Es ist empfehlenswert, das Fleisch vorher mit einem Fleischklopfer weich zu klopfen.

—

Sehr dicke Schnitzel 5- bis 6-mal am Fettrand einschneiden. Dadurch werden sie zarter und rollen sich beim Braten nicht ein. Das Fleisch salzen und pfeffern.

Mehl, verquirlte Eier und *panko* auf drei Teller verteilen. Die Schnitzel im Mehl wenden und überschüssiges Mehl abklopfen. Dann in der Eimasse und anschließend im Paniermehl wenden (die panierten Schnitzel können auch eingefroren werden).

Das Öl in einer Pfanne auf 180 °C erhitzen. Je zwei Schnitzel gleichzeitig etwa 3 Minuten frittieren, bis sie goldbraun sind. Mit einem Schaumlöffel aus der Pfanne heben und auf Küchenpapier abtropfen lassen. Mit den restlichen Schnitzeln ebenso verfahren. Am Schluss jedes Schnitzel noch einmal 1 Minute frittieren und auf Küchenpapier abtropfen lassen.

Den Weißkohl in ein Sieb abgießen. Die Schnitzel in feine Streifen schneiden. Mit dem Weißkohl auf einzelnen Tellern anrichten und mit der *tonkatsu*-Sauce servieren.

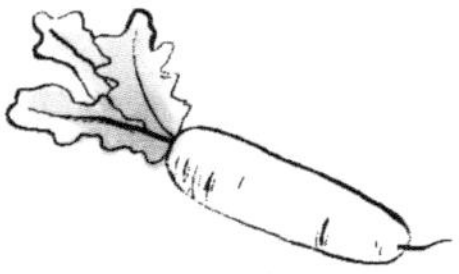

EBI FRY (FRITTIERTE GARNELEN)

海老フライ

***FÜR** 4 PERSONEN **VORBEREITUNG** 30 MINUTEN **KOCHZEIT** 20 MINUTEN*

FRISCHE PRODUKTE

4 Eier (2 Eier, hart gekocht, geschält und gehackt, und 2 Eier, leicht verquirlt)

12 große Tigergarnelen, geschält, Schwanzflosse ungeschält, entdarmt

AUS DER SPEISEKAMMER

30 ml Mayonnaise

50 g Gewürzgurken, fein gehackt

50 g kleine Zwiebelpickles, fein gehackt

750 ml Sonnenblumenöl

100 g Mehl

100 g *panko* (jap. Paniermehl, Seite 18)

Diese saftigen und knusprigen Garnelen sind bei Groß und Klein sehr beliebt und ein ideales Gericht für ein besonderes Wochenende mit Familie oder Freunden. Die Garnelen werden meist mit einer Remouladensauce serviert, schmecken aber auch mit einer *tonkatsu*-Sauce (Seite 214) ausgezeichnet.

—

Für die Remouladensauce Mayonnaise, Gewürzgurken, Zwiebelpickles und gehackte, hart gekochte Eier vermischen.

Die Garnelen in eine kleine Schüssel geben und mit Wasser bedecken. 1 Prise Salz zugeben und 30 Minuten ziehen lassen.

Das Öl in einer großen Pfanne oder in einem Wok bei mittlerer Temperatur erhitzen.

Mehl, verquirlte Eier und Paniermehl auf drei verschiedene Teller verteilen. Die Garnelen erst im Mehl, dann in der Eimasse und schließlich im Paniermehl wenden. Sobald das Öl eine Temperatur von 180 °C erreicht hat, darin jeweils vier Garnelen auf einmal 2–3 Minuten frittieren, bis sie goldbraun sind.

Die Garnelen mit einem Schaumlöffel aus dem Öl heben und auf Küchenpapier abtropfen lassen. Die restlichen Garnelen ebenso frittieren. Mit der Remouladensauce servieren.

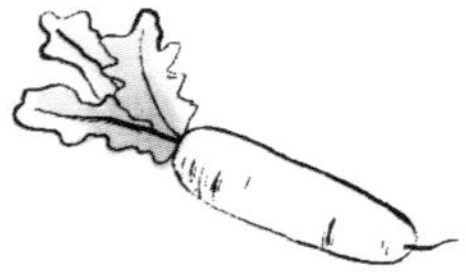

CARPACCIO VON DER DORADE

鯛のカルパッチョ

FÜR *4 PERSONEN ALS VORSPEISE* ***VORBEREITUNG*** *20 MINUTEN*

FRISCHE PRODUKTE

2 Doradenfilets (à 100 g) ohne Haut und Gräten (bitten Sie Ihren Fischhändler, das zu übernehmen)

2 TL *yuzu kosho* (grüne Zitronenpaste, aus dem Handel oder selbst gemacht, Seite 170)

½ Schale junge Brunnenkresse

2 Radieschen, in hauchdünne Scheiben geschnitten

AUS DER SPEISEKAMMER

1½ TL geröstetes Sesamöl

1 TL Meersalz

Die Dorade schmeckt leicht süßlich und kräftig zugleich, was sich sehr gut ergänzt. Es handelt sich um einen fantastischen Fisch für Sashimis (Seite 124). Die Paste *yuzu kosho* ist das Geheimnis dieses Rezepts und in vielen japanischen Lebensmittel- oder Asialäden erhältlich.

—

Die Fischfilets jeweils längs halbieren, sodass insgesamt vier Stücke entstehen. In 3 mm dicke Sashimis schneiden (Seite 124).

Die Sashimis auf einem Servierteller anrichten und mit einem Cocktailspieß oder mit Stäbchen kleine Tröpfchen *yuzu kosho* darauf setzen. Mit Sesamöl beträufeln und salzen. Mit Brunnenkresse und Radieschenscheiben garnieren und servieren.

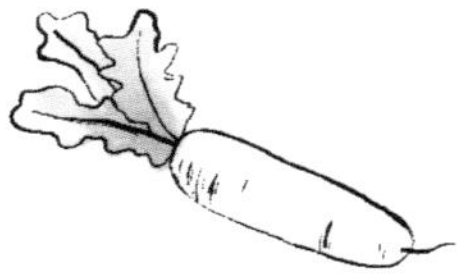

WÜRZSAUCEN & GEWÜRZMISCHUNGEN

JAPANISCHE ZWIEBELSAUCE

オニオンドレッシング

ERGIBT *300 ML* ***VORBEREITUNG*** *10 MINUTEN* ***KOCHZEIT*** *3 MINUTEN*

FRISCHE PRODUKTE

2 kleine Zwiebeln (etwa 300 g), fein gehackt

1 Knoblauchzehe

1 Stück frischer Ingwer (2 cm), geschält

AUS DER SPEISEKAMMER

5 EL extra natives Olivenöl

4 EL Sojasauce

4 EL Reisessig

2 TL hellbrauner Zucker

Diese geschmacksintensive Sauce passt nicht nur hervorragend zu einem Salat (wie etwa zum Tofusalat mit Kirschtomaten auf Seite 68 oder zum Chicoréesalat auf Seite 72), sondern ergibt auch eine hervorragende Marinade für Fleisch, Fisch oder gegrillte Gemüse.

—

In einer Pfanne 1 EL Olivenöl erhitzen. Die Zwiebeln darin bei mittlerer Hitze 3 Minuten dünsten.

Zwiebeln, restliches Olivenöl (4 EL), Sojasauce, Reisessig, Zucker, Knoblauch und Ingwer in einem Mixer fein pürieren.

Diese Würzsauce hält sich in einem Glas mit Schraubverschluss im Kühlschrank bis zu 10 Tage.

NAMETAKE (ENOKIS MIT SOJASAUCE)

なめたけ

ERGIBT *ETWA 200 ML* ***VORBEREITUNG*** *10 MINUTEN* ***KOCHZEIT*** *10 MINUTEN*

FRISCHE PRODUKTE

200 g Enokis

AUS DER SPEISEKAMMER

2½ EL Sojasauce

3 EL Sake

2½ EL hellbrauner Zucker

1½ EL Mirin

1 quadratisches Blatt *kombu* (getrocknete Alge, Seite 16) mit 2,5 cm Kantenlänge, in 2 mm feine Streifen geschnitten

Diese als *nametake* bezeichnete Zubereitung haben die Japaner immer im Kühlschrank vorrätig. Man isst sie zu Reis, nutzt sie aber auch als Würzsauce. Mit kaltem Seidentofu oder geriebenem *daikon* ist sie ein wahrer Genuss. Sie passt auch hervorragend zu Nudelgerichten: Probieren Sie sie mal zu kalten Soba-Nudeln (Seite 102) oder zu Zitronen-Udon (Seite 110).

—

Die Pilze putzen und die Stiele um etwa 2,5 cm kürzen. Dann die Pilze einmal quer durchschneiden.

Alle Zutaten mit 2½ EL Wasser in einen Topf geben und bei mittlerer bis schwacher Hitze einmal kurz aufkochen.

Die Temperatur herunterschalten und bei schwacher Hitze garen, bis die Sauce leicht eingedickt ist. Die Sauce in ein sauberes Schraubglas füllen. Sie hält sich im Kühlschrank bis zu 7 Tage.

SHICHIMI TOGARASHI (SIEBENGEWÜRZEPULVER)

七味唐辛子

***ERGIBT** 1 KLEINES GLAS (50 ML)* ***VORBEREITUNG** 10 MINUTEN* ***KOCHZEIT** 5-7 MINUTEN*

FRISCHE PRODUKTE

3 Zestenstücke (à 1 × 5 cm) von 1 Bio-Orange, ohne weiße Haut

2 Stücke frischer Ingwer (à 1 × 5 cm), geschält

AUS DER SPEISEKAMMER

1 EL Chiliflocken

½ TL gemahlener *sansho* (jap. Bergpfeffer) oder schwarze Pfefferkörner

1 EL schwarze oder weiße Sesamsamen

½ EL Mohnsamen

1 TL *aonori* (getrockneter Seetang in Flocken, Seite 17) oder *nori* (getrocknete Algen, Seite 17), zerkleinert

Shichimi togarashi ist eine Mischung aus sieben Gewürzen, darunter Chiliflocken, Kräuter und Samen. Zutaten und Mengenverhältnisse variieren je nach Hersteller. Mit dieser Mischung werden die verschiedensten Gerichte gewürzt. Verwenden Sie sie zur Zubereitung von Lotus-Chips (Seite 30) oder *agedashi tofu* (Seite 78).

—

Orangenzesten und Ingwer auf einem Backblech verteilen. Einen halben Tag bei Zimmertemperatur oder im vorgeheizten Backofen bei 170 °C 5–7 Minuten trocknen lassen. Die getrockneten Gewürze mit einer Gemüsemühle oder in einem kleinen Mixer zu feinem Pulver mahlen.

Chiliflocken, Pfeffer und die Hälfte der Sesamsamen in einem Mörser grob zerstoßen. Alles mit den restlichen Zutaten vermischen. Das *shichimi togarashi* hält sich in einem sauberen Schraubglas 2–3 Monate.

— 6 REZEPTE MIT —

MISO

01. KLASSISCHE MISOSUPPE
インスタント味噌汁

—

1 EL Miso nach Wahl, 1 TL *wakame* (getrocknete Alge, Seite 17), 2 g *katsuobushi* (Bonitoflocken, Seite 16) oder Dashipulver und 1 fein gehackte Frühlingszwiebel vermischen, in Frischhaltefolie einwickeln und ins Lunchpaket oder in den Picknickkorb packen.

Die Mischung in eine Tasse füllen.

Mit 200 ml heißem Wasser aufgießen und das Miso unter Rühren auflösen.

Gemahlene Sesamsamen oder *shichimi togarashi* (Siebengewürzepulver, Seite 16) zugeben. Für 1 Person.

02. SCHWEIN MIT MISO
豚味噌

—

250 g Schweinehackfleisch in einer Pfanne bei mittlerer Hitze braten, bis es gar ist.

4 EL rotes Miso, 2 TL hellbraunen Zucker und 2 ELMirin zu einer zähen Paste verrühren.

Die Paste in die Pfanne geben und alles gut vermischen.

Den Herd ausschalten und das Fleisch beiseitestellen.

In einem verschließbaren Behälter im Kühlschrank bis zu 3 Tage aufbewahren. Für 4 Personen.

03. MISOSAUCE
味噌ドレッシング

—

1 EL Sesamsamen in einer kleinen Pfanne bei schwacher Hitze rösten. Die Samen abkühlen lassen und in einem Mörser oder *suribachi* (jap. Reisschale aus Keramik) zerstoßen.

2½ EL hellbraunen Zucker, 4 EL weißes Miso, 2 EL *nerigoma* oder Tahin (jap. oder oriental. Sesampaste), ¾ EL Sojasauce und die gemahlenen Sesamsamen verrühren, bis der Zucker gelöst ist.

In ein Schraubglas umfüllen. 75 ml Sonnenblumenöl, 30 ml geröstetes Sesamöl, 45 ml Reisessig und 60 ml Wasser zugießen.

Kräftig schütteln, bis alles gut durchmischt ist. Diese Sauce passt hervorragend zu Tofu, Hähnchensalat, gedämpftem Brokkoli, geriebenen Karotten oder einem grünen Salat. Ergibt 350 ml.

04. MISO MIT NÜSSEN
くるみ味噌

—

Den Backofen auf 170 °C vorheizen. 100 g Walnüsse 10 Minuten rösten. Mit einem Küchentuch die Haut abreiben und die Nüsse grob hacken.

2 EL weißes Miso, 2 EL hellbraunen Zucker und 2½ EL Mirin in einem kleinen Topf bei schwacher Hitze erwärmen und zu einer glatten Paste verrühren.

Die Paste mit den gehackte Nüssen vermischen. Diese Paste passt hervorragend zu Rohkost und schmeckt gut zu *onigiri*. Ergibt 1 kleines Glas.

05. ENTE, HÄHNCHEN ODER LACHS, MARINIERT MIT MISO & HONIG
はちみつ味噌マリネ

—

150 g rotes Miso, 150 ml Honig und 1 EL Sake in einer kleinen Schüssel verrühren.

4 Enten-, Hähnchen- oder Lachsfilets mit der Marinade in einen Gefrierbeutel geben. 1 Nacht oder bis zu 3 Tage im Kühlschrank marinieren. Der Geschmack der Marinade wird im Laufe der Tage intensiver.

Den Backofengrill einschalten.

Die Filets aus der Marinade nehmen und mit Küchenpapier abtrocknen.

5–8 Minuten von jeder Seite grillen. Für 4 Personen.

06. MISO-KARAMELL-SAUCE
味噌キャラメルソース

—

125 g Zucker in einer Pfanne bei schwacher Hitze karamellisieren. Der Zucker sollte eine Farbe wie Bernstein annehmen. Nicht rühren, die Pfanne nur schwenken. Sobald der Zucker karamellisiert ist, die Pfanne vom Herd nehmen.

80 g Sahne und 25 g Butter unterrühren.

2 EL weißes Miso zugeben und unter Rühren auflösen.

In ein Schraubglas füllen und im Kühlschrank aufbewahren. Eine köstliche Sauce zu Vanilleeis! Ergibt 200 ml.

1
4
3
5
2
6

YUZU KOSHO (GRÜNE ZITRONENPASTE MIT CHILI)

柚子胡椒

***ERGIBT** 1 KLEINES GLAS (50 ML)* ***VORBEREITUNG** 20 MINUTEN*

FRISCHE PRODUKTE

20 g abgeriebene Zitronenschale (von etwa 9 grünen Bio-Zitronen)

20 g grüne Chilischote, entkernt und fein gehackt

AUS DER SPEISEKAMMER

40 g Fleur de sel

Die Paste *yuzu kosho* stammt ursprünglich aus Kyushu, einer Insel im Süden Japans. Traditionell wird sie mit Yuzus, sehr aromatischen japanischen Zitrusfrüchten, zubereitet. Da sie aber hierzulande kaum erhältlich sind, kann man sie durch grüne Zitronen ersetzen. Diese Paste schmeckt hervorragend zu einem Doradencarpaccio (Seite 158) oder zu in Tee geschmortem Schweinefleisch (Seite 138).

—

Zitronenschale, Chilischote und Salz in einem Mörser verrühren und zerstoßen, bis alles miteinander verschmolzen ist.

Vorzugsweise 1 Woche ruhen lassen, damit alle Aromen sich entfalten können. In einem sauberen Schraubglas hält sich die Paste bis zu 2 Monate im Kühlschrank.

SALZ MIT GERÖSTETEM TEE & SALZ MIT GRÜNEM TEE

ほうじ茶塩、抹茶塩

ERGIBT *JE 15 G* ***VORBEREITUNG*** *10 MINUTEN*

HOJICHA-SALZ

1 TL *hojicha* (gerösteter jap. Tee, Seite 19)

1 EL Fleur de sel

MATCHA-SALZ

½ EL Fleur de sel

½ EL *matcha* (jap. grünes Teepulver, Seite 19)

Das Salz wird durch den gerösteten Tee *hojicha* mit einem leichten Röstgeschmack aromatisiert, während der grüne *matcha*-Tee ihm eine leichte und köstliche Bitterkeit verleiht. Sie können mit diesen Salzen ein klassisches Tempura (S. 122) würzen oder es über Sashimis oder ein Carpaccio streuen.

—

Hojicha-Salz
Die *hojicha*-Blätter mit einer Gemüsemühle oder einem Mörser mahlen bzw. zerstoßen. Das Salz zugeben und nur die größeren Kristalle leicht zerstoßen, damit die Mischung im Ganzen etwas grobkörnig bleibt.

Matcha-Salz
Die größeren Salzkristalle in einer Gemüsemühle oder einem Mörser mahlen bzw. zerstoßen. Das *matcha*-Pulver zugeben und alles gut vermischen.

Beide Salze halten sich in einem sauberen Schraubglas 2–3 Monate.

KNOBLAUCHÖL

ラー油

***ERGIBT** 240 ML* ***VORBEREITUNG** 10 MINUTEN* ***KOCHZEIT** 15 MINUTEN*

FRISCHE PRODUKTE

8 große Knoblauchzehen, gehackt

4 Frühlingszwiebeln, gehackt

AUS DER SPEISEKAMMER

100 ml Sonnenblumenöl

2 EL getrocknete Chiliflocken

100 ml geröstetes Sesamöl

4 EL grob gehackte Erdnüsse

4 TL hellbrauner Zucker

1 TL Meersalz

Dieses köstliche Öl wertet Kurzgebratenes, Salate oder gebratenen Reis geschmacklich auf. Es passt auch gut zu Ramen (Seite 98), Gyozas (Seite 54) oder einfach nur zu Seidentofu.

—

Sonnenblumenöl, Chiliflocken, Knoblauch und Frühlingszwiebeln in einer Pfanne bei mittlerer bis schwacher Hitze 15 Minuten dünsten, bis das Öl die Aromen aufgenommen und der Knoblauch knusprig ist und etwas Farbe angenommen hat.

Die Pfanne vom Herd nehmen. Sesamöl, Erdnüsse, Zucker und Salz zugeben und verrühren, bis Zucker und Salz gelöst sind.

In einem sauberen Schraubglas hält sich das Öl bis zu 2 Wochen.

FURIKAKE (WÜRZPULVER)

ふりかけ

ERGIBT *1 KLEINES GLAS (50 ML)* ***VORBEREITUNG*** *5 MINUTEN* ***KOCHZEIT*** *10–15 MINUTEN*

AUS DER SPEISEKAMMER

75 g *katsuobushi* (Bonitoflocken, Seite 16)

15 Blätter *kombu* (getrocknete Algen), in feine Streifen geschnitten

1 EL Sojasauce

3 EL Mirin

1 EL Sesamsamen, geröstet

20 g Walnüsse, grob gehackt

Die Idee für dieses Rezept kam mir, als ich versuchte, die für eine Dashibrühe eingeweichten Zutaten weiter zu verwerten. Vor allem über Reis gestreut (Seite 208) oder als Füllung für *onigiri* (Reisbällchen, Seite 114) schmeckt dieses *furikake* besonder gut. Sie können es aber auch über Nudeln oder gedämpftes Gemüse streuen. Frieren Sie nicht verwendetes *katsuobushi* und restliche *kombu*-Blätter ein, wenn Sie diese Würze zu einem späteren Zeitpunkt noch einmal zubereiten möchten.

—

In einer Pfanne *katsuobushi* und *kombu* bei schwacher Hitze anbraten. Sojasauce, Mirin, Sesamsamen und Nüsse zugeben. Alles köcheln lassen, bis die gesamte Flüssigkeit verdampft ist. Die Mischung sollte leicht trocken sein.

In einem sauberen Schraubglas bleibt sie im Kühlschrank bis zu 1 Woche frisch.

DAIKONPICKLES MIT ZITRONE

大根とレモンの漬物

***FÜR** 4–5 PERSONEN ALS BEILAGE* ***VORBEREITUNG** 20 MINUTEN + 1 STUNDE MARINIERZEIT*

FRISCHE PRODUKTE

500 g geschälter *daikon* (jap. Rettich, Seite 12), in 1,5 cm lange Stifte geschnitten

Saft von ½ Zitrone

abgeriebene Schale von ¼ Bio-Zitrone

AUS DER SPEISEKAMMER

8 g Fleur de sel

50 ml Reisessig

25 g Zucker

In Japan gibt es viele verschiedene Pickles (in Essig eingelegtes Gemüse). Diese hier gehören zu den beliebtesten, allerdings habe ich die *yuzu* (jap. Zitrusfrucht, Seite 14) durch eine Zitrone ersetzt. Diese Pickles schmecken hervorragend zu den vielen in diesem Buch vorgestellten Sushis.

—

Den *daikon* in eine Schüssel geben. Salzen und mit den Händen das Salz einmassieren. 30 Minuten ruhen lassen, um ihn zu entwässern. Den *daikon* mit den Händen noch einmal auspressen und überschüssiges Wasser ausdrücken.

Essig, Zucker, Zitronensaft und -schale in einer kleinen Schüssel verrühren, bis der Zucker gelöst ist. Den *daikon* mit der Essigmarinade vollständig bedecken und mindestens 1 Stunde oder über Nacht im Kühlschrank marinieren.

In ein sauberes Schraubglas füllen und in den Kühlschrank stellen. Innerhalb von 4 Tagen verzehren.

INGWERPICKLES

生姜の酢漬け

***ERGIBT** 1 GLAS (350 ML)* ***VORBEREITUNG** 15 MINUTEN* ***KOCHZEIT** 5 MINUTEN*

FRISCHE PRODUKTE

200 g frischer Ingwer, geschält und in dünne Scheiben geschnitten

AUS DER SPEISEKAMMER

Meersalz + etwas mehr zum Entwässern des Ingwers

100 ml Reisessig

90 g hellbrauner Zucker

50 ml Sake

Wenn Sie richtig frischen Ingwer finden, sollten Sie ihn unbedingt für dieses Rezept probieren. Diese Pickles sind weniger süß und gesünder als eingelegter Ingwer aus dem Handel. Erfrischen Sie mit diesen Ingwerpickles Ihren Gaumen zwischen zwei Sushis.

—

Den Ingwer in eine Schüssel geben und mit etwas Salz bestreuen. 10 Minuten ruhen lassen.

½ TL Salz, Essig, Zucker und Sake in einen kleinen Topf geben und bei mittlerer Hitze garen, bis Zucker und Salz gelöst sind.

Den Ingwer mit den Händen auspressen, um überschüssiges Wasser auszudrücken. In ein sauberes Schraubglas füllen und mit der heißen Essigmarinade übergießen. Über Nacht marinieren lassen.

Sie können diese Pickles auch schon am nächsten Tag genießen. Am besten schmecken sie erst nach etwa 3 Tagen. Sie können sie bis zu 1 Monat im Kühlschrank aufbewahren.

GURKENPICKLES MIT INGWER & SOJA

即席きゅうりと生姜の醤油漬け

***FÜR** 4 PERSONEN ALS BEILAGE* ***VORBEREITUNG** 15 MINUTEN + 30 MINUTEN RUHEZEIT*

FRISCHE PRODUKTE

1 große Salatgurke (etwa 500 g)

15 g frischer Ingwer, geschält und fein geraspelt

AUS DER SPEISEKAMMER

2 EL Sojasauce

1 EL Reisessig

1 EL Mirin

½ TL hellbrauner Zucker

Diese Pickles sind in wenigen Minuten zubereitet und können als Beilage serviert werden. Die knackige Gurke und der scharfe Ingwergeschmack ergänzen sich hervorragend. Als Beilage können Sie sie zu jedem beliebigen Gericht servieren.

—

Die Gurke teilweise schälen und längs halbieren. Die Samen mit einem Löffel auskratzen. Die Gurkenhälften in kleine Stücke brechen: Sie dürfen ruhig so unregelmäßig wie möglich sein, um die Marinade schneller aufzunehmen.

Sojasauce, Essig, Mirin und Zucker in einer großen Schüssel verrühren. Die Marinade mit den Gurkenstücken vermengen und den Ingwer zugeben. 30 Minuten ruhen lassen und servieren.

SENMAIZUKE (RÜBENPICKLES)

千枚漬け

FÜR *4–5 PERSONEN ALS BEILAGE* ***VORBEREITUNG*** *20 MINUTEN + 8 STUNDEN MARINIERZEIT*

FRISCHE PRODUKTE

500 g weiße Rübe, geschält und in 5 mm dünne Scheiben geschnitten

AUS DER SPEISEKAMMER

8 g Meersalz

2 TL Reisessig

1½ TL Zucker

1 getrocknete Chilischote, entkernt und gehackt

1 quadratisches Blatt *kombu* (4 cm, getrocknete Alge, Seite 16), in feine Streifen geschnitten

Die Stadt Kyoto ist bekannt für ihre hervorragenden Pickles, zu denen auch diese Rübenpickles zählen. Das Wort *senmai* bedeutet wörtlich übersetzt »tausend Scheiben«. Wenn Sie weiße Rüben der Sorte Tokyo Top finden können, wäre es perfekt, aber frischer Kohlrabi ist auch eine gute Alternative. Diese Pickles sind als Beilage ein Genuss.

—

Die Rübenscheiben in eine Schüssel geben. Salz, Essig, Zucker, Chilischote und *kombu* zugeben und alles sorgfältig vermengen.

Einen Teller auf die Rüben legen und mit einem Gewicht von etwa 500 g beschweren. Über Nacht im Kühlschrank ziehen lassen.

In ein sauberes Schraubglas füllen. Die Pickles bleiben im Kühlschrank bis zu 4 Tage frisch.

DESSERTS & GETRÄNKE

EISMILCH MIT MATCHA

アイス抹茶ラテ

FÜR *4 PERSONEN* ***VORBEREITUNG*** *2 MINUTEN* ***KOCHZEIT*** *3 MINUTEN*

FRISCHE PRODUKTE

600 ml Milch

Eiswürfel

AUS DER SPEISEKAMMER

4 TL hellbrauner Zucker

15 g *matcha* (grünes Teepulver, Seite 19) + etwas mehr zum Garnieren

Wie es scheint, ist dies das neue Trendgetränk. Das *matcha*-Pulver schmeckt sehr scharf und bitter, daher braucht man nur kleinste Mengen. Diese Milch schmeckt auch heiß sehr gut und lässt sich gut mit Gemüsedrinks, wie etwa einem Sojadrink, kombinieren.

—

Die Milch in eine Schüssel gießen, den Zucker zugeben und unter Rühren auflösen.

Das grüne Teepulver in eine kleine Schüssel sieben. Etwas süße Milch zugeben und mit einer Gabel verquirlen.

Die restliche Milch in mit Eiswürfeln gefüllte Gläser gießen. Die *matcha*-Milch zugießen und verrühren, bis die Milch cremig ist. Mit etwas *matcha*-Pulver bestreuen und servieren.

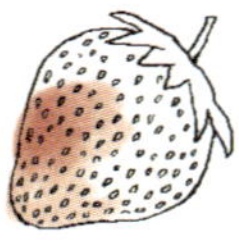

KEKSROLLEN MIT MATCHA-EIS

抹茶アイスのクッキーサンド

ERGIBT *6 KEKSROLLEN* ***VORBEREITUNG*** *15 MINUTEN + 4–5 STUNDEN GEFRIERZEIT* ***KOCHZEIT*** *20 MINUTEN*

FRISCHE PRODUKTE

6 Eigelb (von Bio-Eiern)

280 g Sahne

560 ml Milch

AUS DER SPEISEKAMMER

150 g Zucker

1 Vanilleschote, längs halbiert und Samen ausgekratzt

2 EL *matcha* (grünes Teepulver, Seite 19), gesiebt

12 Butterkekse oder andere Kekse nach Belieben

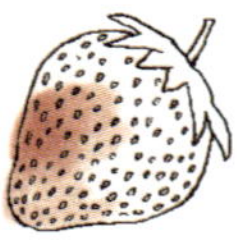

Dieses erfrischende und leicht bittere Eis aus grünem Tee ist ein hervorragender Abschluss für ein japanisches Essen. Bereiten Sie das Eis am Vortag zu, wenn Sie keine Eismaschine verwenden und das Eis über Nacht gefroren werden muss.

—

Eigelbe und Zucker in einer großen Schüssel schaumig schlagen.

Sahne, Milch und Vanilleschote mit Samen in einen Topf geben. Bei mittlerer Hitze kurz aufkochen und sofort vom Herd nehmen. 1 Suppenkelle der Vanillemilch zur Eimasse geben und gut unterrühren. Dann die restliche Vanillemilch zugießen und alles verrühren, bis der Zucker vollständig gelöst ist.

Den Topf ausspülen und die Masse wieder hineingeben. Bei mittlerer bis schwacher Hitze unter ständigem Rühren eindicken. Die Creme sollte am Löffelrücken haften bleiben.

Die Vanilleschote entfernen und die Creme in eine Schüssel füllen. Das *matcha*-Pulver zugeben und einrühren, bis alle Krümel gelöst sind. Mit Frischhaltefolie abdecken und abkühlen lassen.

Die abgekühlte Creme in eine Eismaschine geben und nach Herstelleranweisung zu Eis werden lassen. Wenn Sie keine Eismaschine besitzen, die Creme in einen Behälter füllen und 2–3 Stunden im Gefrierfach fest werden lassen. Einmal kräftig durchrühren und noch einmal für 2–3 Stunden ins Gefrierfach stellen.

Sobald das Eis fertig ist, etwa 90 g mit einem Löffel entnehmen und zwischen zwei Kekse geben. Mit dem restlichen Eis und den restlichen Keksen ebenso verfahren. Die Kekse können bis zum Servieren im Gefrierfach aufbewahrt werden.

SORBET AUS PÜRIERTEN ERDBEEREN & MANGO

かき氷

FÜR *4 PERSONEN* ***VORBEREITUNG*** *20 MINUTEN + 4 STUNDEN KÜHLZEIT*

FRISCHE PRODUKTE

40 Eiswürfel (etwa 900 g)

200 g Erdbeeren (frisch oder TK) + einige mehr, zum Garnieren

100 g Litchis (frisch oder aus der Dose)

150 g Mango (TK) + 120 g frische Mango, in 1 cm große Würfel geschnitten, zum Garnieren

Saft und abgeriebene Schale von ½ grünen Bio-Zitrone

Tipp Das Sorbet wird klarer, wenn Sie gekaufte Eiswürfel verwenden oder Ihre Eiswürfel aus Mineralwasser bzw. abgekochtem Wasser zubereiten.

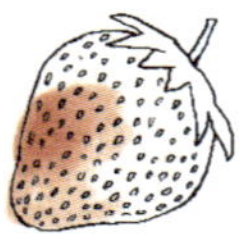

Für die Japaner wird der Sommer eingeläutet, wenn die Restaurants beginnen, Sorbets anzubieten. Es ist etwas aufwendig, aber Sie sollten die Eiswürfel unbedingt in der Küchenmaschine zerkleinern und wieder ins Tiefkühlfach geben. Kurz vor dem Servieren erneut in der Küchenmaschine zerkleinern. Das Sorbet wird dadurch viel sämiger und bekommt so die Konsistenz schmelzenden Schnees.

—

Die Eiswürfel in die Küchenmaschine geben und mixen, bis sie eine Konsistenz wie Schnee haben. Zügig in einen Behälter geben, der so groß ist, dass die Kristalle nicht zusammengedrückt werden, und mindestens 2 Stunden ins Gefrierfach stellen. Diesen Vorgang noch einmal wiederholen.

Kurz vor dem Servieren Erdbeeren und Litchis in die Küchenmaschine geben und zu einem glatten Püree mixen.

Die tiefgefrorenen Mangos mit 120 ml Wasser ebenfalls zu einem glatten Püree mixen. Zitronensaft und -schale zugeben und unterrühren.

Die Eiskristalle wiederum in die Küchenmaschine geben und noch ein drittes Mal durchmixen, bis das Eis nur noch an Glitzerstaub erinnert.

Das Eis, ohne es zu pressen, auf vier Schälchen verteilen. Mit beiden Fruchtpürees beträufeln und mit den frischen Mangos garnieren. Sofort servieren.

Tipp Falls die Früchte nicht besonders geschmackvoll sind, können Sie etwas Puderzucker unter das Fruchtpüree mischen.

SÜSSER TOFU MIT HOJICHA-SIRUP

杏仁豆腐とほうじ茶のシロップ

FÜR *4 PERSONEN* ***VORBEREITUNG*** *20 MINUTEN + 2 STUNDEN KÜHLZEIT* ***KOCHZEIT*** *5 MINUTEN*

FRISCHE PRODUKTE

400 ml Milch

8 Erdbeeren, geviertelt

AUS DER SPEISEKAMMER

4 Blätter Gelatine

1 TL Mandelextrakt

8 g *hojicha* (gerösteter Tee, Seite 19)

80 g Zucker

Wahrscheinlich heißt dieses Dessert, das gar keinen Tofu enthält, nur deswegen so, weil die gelierte Milch an Tofu erinnert. Normalerweise wird es mit Zuckersirup serviert, aber die Zugabe von *hojicha* sorgt für einen delikaten Geschmack nach geröstetem Karamell.

—

Die Gelatine 10 Minuten in einer Schüssel mit Wasser einweichen.

Die Milch in einem kleinen Topf vorsichtig erhitzen und den Mandelextrakt einrühren. Die Gelatine mit den Händen ausdrücken und unter Rühren in der Mandelmilch auflösen.

Einen tiefen Teller vollständig mit Frischhaltefolie auslegen und die Milch zugießen. Mit Folie abdecken und mindestens 2 Stunden im Kühlschrank fest werden lassen.

Inzwischen die Teeblätter mit 200 ml heißem Wasser übergießen. 2 Minuten ziehen lassen und den Tee durch ein Sieb gießen. Tee und Zucker in einem kleinen Topf bei mittlerer Hitze aufkochen und zu einem Sirup einkochen. Vom Herd nehmen, abkühlen lassen und in den Kühlschrank stellen.

Das Gelee auf vier Schälchen verteilen und mit den Erdbeeren garnieren. Mit Sirup beträufeln und servieren.

SHIRATAMA-MOCHIS MIT INGWERSIRUP

白玉だんごと生姜黒蜜

FÜR *4 PERSONEN* ***VORBEREITUNG*** *20 MINUTEN* ***KOCHZEIT*** *5 MINUTEN*

FRISCHE PRODUKTE

15 g frischer Ingwer, geschält und gehackt

AUS DER SPEISEKAMMER

80 g Muscovadozucker

100 g Klebreismehl (Seite 19)

2 EL *kinako* (geröstetes Sojabohnenmehl, Seite 19) oder gesalzene Erdnüsse, in der Küchenmaschine gemahlen

Vanilleeis und frische Früchte (z. B. Orangenscheiben)

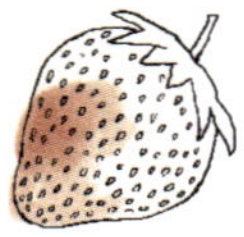

Diese saftigen *shiratama mochis* werden aus Klebreismehl (im Asialaden oder über das Internet) gemacht. Das Dessert ist schnell und einfach zubereitet. Sie können es auch gut vor dem Kochen einfrieren, wenn Sie es zu einem späteren Zeitpunkt genießen möchten.

—

Für den *kuromitsu*-Sirup (Ingwersirup) Zucker, 200 ml Wasser und Ingwer in einem kleinen Topf bei mittlerer Hitze zu einem zähflüssigen Sirup einkochen.

Das Klebreismehl in eine Schüssel sieben. 30 ml Wasser zugeben und mit den Händen einarbeiten. Nach und nach weitere 70 ml Wasser zugießen und so lange kneten, bis der Teig nicht mehr klebrig ist. Eventuell wird nicht das ganze Wasser gebraucht. Wird der Teig zu flüssig, noch etwas Mehl einarbeiten.

Den Teig in zwei Portionen teilen und zu zwei etwa 2,5 cm dicken Rollen formen. Jede Rolle in zwölf gleich große Scheiben (insgesamt 24) schneiden. Jede Scheibe zu einer flachen, etwa 1,5 cm dicken Kugel formen. Mit dem Zeigefinger in der Mitte eine kreuzförmige Vertiefung eindrücken. Eiswasser in eine große Schüssel füllen.

Wasser in einem Topf aufkochen. Alle *mochis* ins kochende Wasser geben und vorsichtig rühren, sodass sie nicht am Topfboden anhaften. Die *mochis* kochen, bis sie an der Oberfläche erscheinen. Dann noch 1 Minute garen.

Die *mochis* mit einem Schaumlöffel herausheben und ins Eiswasser tauchen. Sobald sie abgekühlt sind, auf vier Schälchen verteilen. Mit Sirup beträufeln und mit *kinako* oder gemahlenen Erdnüssen bestreuen. Mit Eis und frischen Früchten servieren.

KARAMELLISIERTE SÜSSKARTOFFELN

大学芋

FÜR *4 PERSONEN* ***VORBEREITUNG*** *10 MINUTEN* ***KOCHZEIT*** *20 MINUTEN*

FRISCHE PRODUKTE

500 g Süßkartoffeln, in dünne Spalten geschnitten

AUS DER SPEISEKAMMER

700 ml Sonnenblumenöl

60 g Zucker

2 EL flüssiger Honig

1 EL schwarze Sesamsamen

Die Japaner lieben Süßkartoffeln und verwenden sie sowohl für süße Desserts als auch für herzhafte Gerichte. Greifen Sie zu, wenn Sie Süßkartoffeln mit gelbem Fleisch und roter oder violetter Schale finden. Sie schmecken am besten.

—

Das Öl in einem großen Topf auf 160 °C erhitzen. Die Süßkartoffeln 3–4 Minuten frittieren, bis sie weich sind. Mit einem Schaumlöffel aus dem Öl heben und auf Küchenpapier abtropfen lassen.

Das Öl auf 180 °C erhitzen und die Süßkartoffeln ein zweites Mal frittieren, bis sie goldbraun sind. Mit einem Schaumlöffel aus dem Öl heben und wieder auf Küchenpapier abtropfen lassen.

Zucker, Honig und 2 EL Wasser in einer Pfanne bei mittlerer Hitze köcheln lassen, bis der Zucker gelöst ist und eine goldbraune Farbe angenommen hat.

Die Süßkartoffeln zugeben und im Karamell wenden. Die Pfanne vom Herd nehmen, die Süßkartoffeln mit schwarzen Sesamsamen bestreuen und servieren.

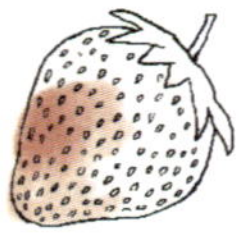

GEFRORENER COCKTAIL AUS NASHI, SAKE & SHISO

梨、紫蘇、酒のフローズンカクテル

FÜR *4 PERSONEN* ***VORBEREITUNG*** *15 MINUTEN + 3 STUNDEN GEFRIERZEIT* ***KOCHZEIT*** *10 MINUTEN*

FRISCHE PRODUKTE

2 Nashibirnen (etwa 500 g), geschält und Kerngehäuse entfernt

4 Blätter *shiso* (Perilla, Seite 12) oder kleine Minzeblätter, fein gehackt + 4 Blätter, zum Garnieren

AUS DER SPEISEKAMMER

70 g Zucker

160 ml Sake

Dieses wunderbar erfrischende Getränk ist an einem sommerlichen Nachmittag genau das Richtige. Die Nashibirne ähnelt einem blassgelben Apfel. Trotz ihres Namens unterscheidet sie sich sehr von einer europäischen Birne. Sie enthält viel Wasser, ist frisch, knackig und saftig – ihr Geschmack ist ausgesprochen delikat.

—

Den Zucker in einem kleinen Topf mit 70 ml Wasser übergießen und bei mittlerer Hitze auflösen. Einmal kurz aufkochen, die Temperatur herunterschalten und köcheln lassen, bis die Mischung zu einem Sirup eingedickt ist. Vom Herd nehmen und abkühlen lassen.

Vier kleine Gläser bis zum Servieren im Kühlschrank kalt stellen.

Das Nashifruchtfleisch zu einem glatten Püree mixen. 120 ml abgekühlten Sirup und Sake zugießen und untermischen. In einen verschließbaren Behälter füllen und etwa 3 Stunden ins Gefrierfach stellen, bis die Mischung die Konsistenz von Schneematsch hat.

Den Cocktail aus dem Gefrierfach nehmen, sobald er die gewünschte Konsistenz erreicht hat. Die gehackten *shiso*- oder Minzeblätter unterrühren und die Masse in die gekühlten Gläser füllen. Mit den restlichen *shiso*- oder Minzeblättern garnieren und servieren.

GRUNDREZEPTE

— SO MACHT MAN —

DASHIBRÜHE

基本の出汁

ERGIBT *ETWA 800 ML* ***VORBEREITUNG*** *5 MINUTEN + 30 MINUTEN BIS 8 STUNDEN EINWEICHZEIT*
KOCHZEIT *15 MINUTEN*

AUS DER SPEISEKAMMER

10 g *kombu* (getrocknete Alge, Seite 16)

10 g *katsuobushi* (getrocknete Bonitoflocken, Seite 16), vorzugsweise große Flocken

Diese Brühe ist die Basis zahlreicher japanischer Rezepte. Natürlich kann man Dashipulver von guter Qualität auch kaufen, und die Brühe ist in Sekunden fertig. Probieren Sie dennoch, sie selbst zuzubereiten. Es ist ganz einfach, wenn Sie über alle Zutaten verfügen. Die zweite Dashibrühe können Sie aus Resten der ersten zubereiten. Sie empfiehlt sich für etwas feinere Gerichte wie eine Misosuppe oder einen Eintopf.

—

DASHIBRÜHE EINS

01. Das *kombu* in eine Schüssel mit 1 l Wasser legen. Mit Alufolie abdecken und mindestens 30 Minuten oder über Nacht im Kühlschrank einweichen.

02. Das *kombu* mit dem Wasser in einen Topf geben und bei schwacher bis mittlerer Hitze etwa 10 Minuten garen. Das Algenblatt herausheben und für die zweite Dashibrühe oder zur Zubereitung von *furikake* (Seite 176) verwenden.

03. Die Brühe erneut aufkochen, vom Herd nehmen und das *katsuobushi* unterrühren. Die Temperatur herunterschalten und 4 Minuten bei schwacher Hitze köcheln lassen.

04. Ein feines Sieb in eine große Schüssel stellen und mit Küchenpapier auslegen. Die Flüssigkeit durch ein Sieb gießen – und fertig ist die Dashibrühe.

DASHIBRÜHE ZWEI (NACH BELIEBEN)

01. *Kombu* und *katsuobushi* mit 500 ml Wasser in einen Topf geben. Bei schwacher Hitze aufkochen und 10 Minuten köcheln lassen, dann 10 g frisches *katsuobushi* zugeben. Den Herd ausschalten und die Brühe durch ein mit Küchenpapier ausgelegtes Sieb gießen.

02. *Katsuobushi* und *kombu* wegwerfen oder für *furikake* (Seite 176) wie angegeben verwenden. Die Dashibrühe hält sich im Kühlschrank 3 Tage und im Gefrierfach 1 Monat.

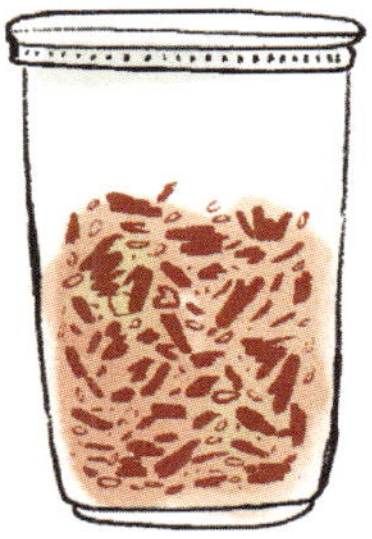

DASHIBRÜHE MIT KOMBU

昆布出汁

ERGIBT *900 ML* ***VORBEREITUNG*** *5 MINUTEN + 3-8 STUNDEN EINWEICHZEIT* ***KOCHZEIT*** *10 MINUTEN*

ZUTATEN

10 g *kombu* (getrocknete Alge, Seite 16)

Diese Dashibrühe ist rein vegetarisch. Sie können sie auch mit der Pilzbrühe (siehe gegenüber) vermischen.

—

1 l Wasser in eine Schüssel füllen, *kombu* zugeben und mit Frischhaltefolie abdecken. Mindestens 3 Stunden oder über Nacht einweichen.

Alles in einen Topf gießen und langsam aufkochen (etwa 10 Minuten). Das *kombu* aus dem Wasser heben, bevor dieses zu kochen beginnt.

Das *kombu* wegwerfen, zur Zubereitung von *furikake* (Seite 176) verwenden oder einfrieren.

Die Dashibrühe hält sich im Kühlschrank 3 Tage und im Gefrierfach 1 Monat.

DASHIBRÜHE MIT GETROCKNETEN SHIITAKES

干し椎茸の出汁

ERGIBT *900 ML* ***VORBEREITUNG*** *5 MINUTEN + 8 STUNDEN EINWEICHZEIT*

ZUTATEN

30 g getrocknete Shiitakes

Diese Dashibrühe ist wie die Brühe mit *kombu* (siehe gegenüber) eine köstliche vegetarische Variante. Durch die Shiitakes schmeckt sie sehr intensiv und leicht süßlich. Sie passt hervorragend zu geschmacksintensiven Gerichten wie Eintöpfen oder Nudelsuppen.

—

Die Shiitakes in einer Schüssel mit 1 l Wasser über Nacht im Kühlschrank einweichen.

Die Flüssigkeit durch ein Sieb gießen und die Pilze wegwerfen oder für die Zubereitung von Chirashi sushi (Seite 146) verwenden.

Die Dashibrühe hält sich im Kühlschrank 3 Tage und im Gefrierfach 1 Monat.

— SO KOCHT MAN —

JAPANISCHEN REIS

白米

***FÜR** 4 PERSONEN* ***VORBEREITUNG** 15 MINUTEN + 30–60 MINUTEN RUHEZEIT* ***KOCHZEIT** 15 MINUTEN*

ZUTATEN

300 g japanischer Reis

Als Grundregel gilt, dass man 15 Prozent mehr Wasser als Reis zugibt. Im Handel gibt es eine große Vielfalt an japanischem Reis, von denen einige Sorten recht teuer, ihren Preis aber in jedem Fall wert sind. Neuer Reis schmeckt ausgesprochen mild. Wenn Sie also *shinmai* finden können, sollten Sie ihn unbedingt kaufen. Er schmeckt köstlich!

—

01. Den Reis in ein Sieb geben und in eine Schüssel mit kaltem Wasser tauchen. Mit den Händen vorsichtig waschen. Sobald das Wasser milchig wird, das Sieb herausheben und die Schüssel ausleeren. Diesen Vorgang 3- bis 4-mal wiederholen, bis das Wasser fast klar bleibt. Den Reis im Sieb abtropfen und dann 30–60 Minuten ruhen lassen. Während dieser Zeit sollte er weiß werden.

02. Den abgetropften Reis in einen Topf mit schwerem Boden (vorzugsweise aus Gusseisen) füllen und 350 ml Wasser zugießen. Einen fest schließenden Deckel, der keinen Dampf entweichen lässt, auflegen.

03. Den Reis bei starker Hitze aufkochen. Sobald das Wasser sprudelnd kocht, die Temperatur herunterschalten und 11 Minuten köcheln lassen. Den Deckel während der Kochzeit nicht abnehmen.

04. Den Reis vom Herd nehmen und zugedeckt 10 Minuten ruhen lassen.

05. Den Deckel abnehmen und den Reis mit einem japanischen Reislöffel vorsichtig auflockern.

SUSHIREIS

すし飯

***FÜR** 3-4 PERSONEN* ***VORBEREITUNG** 20 MINUTEN + 30-60 MINUTEN RUHEZEIT* ***KOCHZEIT** 20 MINUTEN*

AUS DER SPEISEKAMMER

300 g japanischer Reis

50 ml Reisessig

1¼ EL Zucker

1 TL Salz

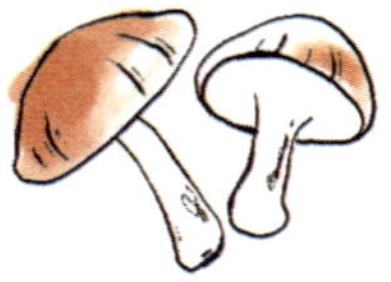

Die Reiskörner für Sushis müssen unversehrt bleiben und dürfen nicht zerbrechen. Denken Sie immer daran, wenn Sie den Reis mischen. Lassen Sie sich ruhig von jemand anderem helfen, denn es ist nicht einfach, dem Reis Luft zuzufächern und ihn gleichzeitig zu mischen.

—

Den Reis in ein feines Sieb geben und in eine mit kaltem Wasser gefüllte Schüssel tauchen. Vorsichtig mit den Händen rühren und auf diese Weise auswaschen. Sobald das Wasser milchig wird, das Sieb herausheben und die Schüssel entleeren. Diesen Vorgang 3- bis 4-mal wiederholen, bis das Wasser so gut wie klar bleibt. Den Reis 30 Minuten bis 1 Stunde im Sieb abtropfen lassen. Dabei sollte er weiß werden.

Den Reis in einen Topf mit schwerem Boden (vorzugsweise aus Gusseisen) geben und 350 ml Wasser zugießen. Einen fest schließenden Deckel, der keinen Dampf entweichen lässt, auflegen. Den Reis bei starker Hitze aufkochen, die Temperatur herunterschalten und 11 Minuten köcheln lassen. Während der Kochzeit den Deckel nicht abnehmen. Vom Herd nehmen und zugedeckt 10 Minuten ruhen lassen.

Reisessig, Zucker und Salz in einem Schälchen verrühren, bis der Zucker gelöst ist. Den Reis abdecken und mit einem angefeuchteten, japanischen Reislöffel vorsichtig auflockern. Den Reis auf ein Tablett heben und mit der Essigmischung beträufeln. Vorsichtig mit dem Reislöffel vermengen, dabei die einzelnen Körner nicht zerbrechen.

Dem gemischten Reis Luft zufächern und ihn gleichzeitig vermengen. Das funktioniert zu zweit am besten. Den Reis auf Zimmertemperatur abkühlen lassen.

Mit einem feuchten Tuch abdecken. Der Reis lässt sich lauwarm am besten verarbeiten. Wenn er nicht sofort verwendet wird, bei Zimmertemperatur stehen lassen, im Kühlschrank wird er hart.

MENTSUYU (KONZENTRIERTE WÜRZSAUCE)

めんつゆ

ERGIBT *500 ML* ***VORBEREITUNG*** *10 MINUTEN + 8 STUNDEN KÜHLZEIT*

AUS DER SPEISEKAMMER

250 ml Sojasauce

250 ml Mirin

125 ml Sake

1 EL hellbrauner Zucker

1 quadratisches Blatt *kombu* (7 cm, getrocknete Alge, Seite 16)

15 g *katsuobushi* (getrocknete Bonitoflocken, Seite 16)

2 getrocknete Shiitakes

Dieses sehr vielseitige Saucenkonzentrat kann mit kaltem oder heißem Wasser verdünnt werden. Vermischt mit etwas Öl wird es zu einem köstlichen Dressing für Salate, aromatisiert aber auch gedämpfte Gerichte oder dient als Würzsauce für Tempuras. Es verleiht Ihren Gerichten im Handumdrehen einen japanischen Touch und kann in den meisten Rezepten die Dashibrühe ersetzen.

—

Alle Zutaten in einen Topf geben und aufkochen, dann sofort vom Herd nehmen. Abkühlen lassen und über Nacht abgedeckt im Kühlschrank ziehen lassen.

Durch ein feines Sieb gießen und *kombu, katsuobushi* und Shiitakes wegwerfen.

Die Sauce in ein verschließbares Schraubglas geben. Sie hält sich im Kühlschrank bis zu 1 Monat.

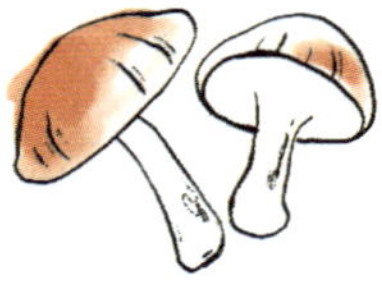

300ml
200ml

SCHNELLE TONKATSU-SAUCE

トンカツソース

ERGIBT *ETWA 120 ML* ***VORBEREITUNG*** *10 MINUTEN*

FRISCHE PRODUKTE

½ TL frischer Zitronensaft

AUS DER SPEISEKAMMER

2 EL Ketchup

4 EL Worcestersauce

2 TL Dijonsenf

4 TL Sojasauce

4 EL hellbrauner Zucker

1 Prise Meersalz

40 g geröstete Sesamsamen, nach Belieben

Fertige *tonkatsu*-Sauce findet man problemlos in einem Japan- oder Asialaden oder auch über das Internet. Sie lässt sich aber auch ganz einfach selbst zubereiten. Schauen Sie sich mein einfaches und schnelles Rezept an. Diese Sauce können Sie zu *okonomiyaki* (Seite 46) oder zu *kushikatsu* (Seite 142) servieren.

—

Ketchup, Worcestersauce, Senf, Sojasauce, Zucker und Zitronensaft in einer Schüssel sorgfältig verrühren.

Bei einer späteren Verwendung der Sauce mit diesem Schritt enden und die Sauce in ein verschließbares Schraubglas füllen. Sie hält sich im Kühlschrank bis zu 1 Monat.

Bei einer sofortigen Verwendung die Sesamsamen in einem Mörser oder *suribachi* (jap. Reibschale aus Keramik) zerstoßen. Direkt vor dem Servieren unter die Sauce rühren.

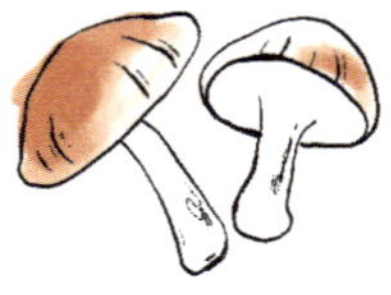

PONZU

ポン酢

ERGIBT *ETWA 370 ML* ***VORBEREITUNG*** *15 MINUTEN + 8 STUNDEN KÜHLZEIT* ***KOCHZEIT*** *5 MINUTEN*

FRISCHE PRODUKTE

20 ml frisch gepresster Zitronensaft

140 ml frisch gepresster Orangensaft

AUS DER SPEISEKAMMER

125 ml Sojasauce

125 ml Mirin

60 ml Sake

10 g getrocknete Shiitakes

10 g *katsuobushi* (getrocknete Bonitoflocken, Seite 16)

Diese Sauce besteht aus den Zutaten für eine Dashibrühe (*katsuobushi, kombu* und getrocknete Shiitakes) sowie aus Sojasauce und Zitrussäften. Sie passt hervorragend zu gegrilltem Fleisch oder Fisch, aber auch zu rohem Fleisch wie einem Carpaccio. Außerdem eignet sie sich als Würzsauce für Gerichte wie Fondue (Seite 136) und Gyozas (Seite 54) oder als Salatdressing.

—

Sojasauce, Mirin und Sake in einem Topf fast bis zum Siedepunkt erhitzen. Shiitakes und *katsuobushi* zugeben. Abkühlen lassen und über Nacht im Kühlschrank ziehen lassen.

Die Sauce durch ein Sieb in eine kleine Schüssel gießen. Die Bonitoflocken wegwerfen und die Pilze für ein anderes Gericht verwenden.

Zitronen- und Orangensaft durch ein Sieb gießen und unter die Sauce rühren. Die Sauce in ein verschließbares Schraubglas füllen. Sie hält sich im Kühlschrank bis zu 1 Monat.

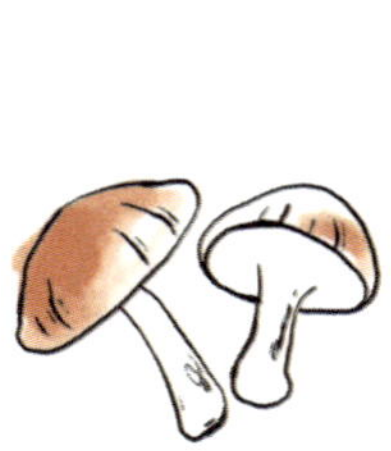

TERIYAKISAUCE

照り焼きソース

***ERGIBT** ETWA 225 ML* ***VORBEREITUNG** 5 MINUTEN* ***KOCHZEIT** 5 MINUTEN*

FRISCHE PRODUKTE

1 Stück frischer Ingwer (1 cm), geschält

1 Frühlingszwiebel, in 3 Stücke geschnitten

AUS DER SPEISEKAMMER

150 ml Sojasauce

100 ml Mirin

50 ml Sake

5 EL hellbrauner Zucker

Diese süß-salzige Sojasaucenmischung ist wahrscheinlich die beliebteste in ganz Japan. Sie eignet sich nicht nur für Hähnchen-*teriyaki* (Seite 90), sondern passt auch perfekt zu *yakitoris* (Seite 48), gebratenem Lachs oder gegrilltem Gemüse.

—

Alle Zutaten in einen kleinen Topf geben und bei mittlerer Hitze einmal kurz aufkochen. Die Temperatur herunterschalten und die Sauce 5 Minuten köcheln lassen, bis sie leicht eingedickt ist. Den Topf vom Herd nehmen und abkühlen lassen.

Ingwer und Frühlingszwiebel aus der Sauce heben und wegwerfen. Die Sauce in ein verschließbares Schraubglas füllen. Sie hält sich im Kühlschrank bis zu 1 Monat.

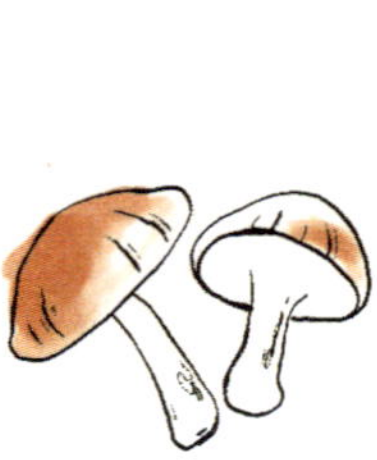

— MENÜVORSCHLÄGE —

JAPANISCHES FRÜHSTÜCK Ochazuke mit Lachs (Seite 50) / Gurkenpickles mit Ingwer & Soja (Seite 182) / Nametake (Seite 164) / Onsen tamago (weich gekochte Eier, Seite 76) / Misosuppe mit gegrillten Auberginen & Sesam (Seite 82)

DIY SUSHIS Temaki Sushi (Seite 130) / Kinshi tamago (in Streifen geschnittene Pfannkuchen, Seite 76) / Ingwerpickles (Seite 180), Zwiebel-Fenchel-Salat (Seite 80) / Muscheln in Sake (Seite 84)

HANAMI – PICKNICK UNTER KIRSCHBLÜTEN Onigiri (Reisbällchen, Seite 114) / Inari Sushi (Seite 134) / Japanischer Kartoffelsalat (Seite 28) / Hart gekochte Eier in Sojasauce mariniert (Seite 76), Daikon-Pickles mit Zitrone (Seite 178)

RAMEN SPEZIAL Ramen-Nudeln (Seite 98) / Gyozas (Seite 54) / Karaage (Seite 42) / Knoblauchöl (Seite 174) / Ponzu (Würzsauce, Seite 216)

EIN ABEND WIE IN EINER IZAKAYA Gefrorener Cocktail aus Nashi, Sake & Shiso (Seite 200) / Thunfisch-*tataki* (Seite 44) / Lotus-Chips (Seite 30) / Gegrillte Chilischoten mit Bonitoflocken (Seite 40) / Keksrollen mit Matcha-Eis (Seite 190)

AM GRILL Yakitori (Seite 48) / Gegrillte Chilischoten mit Bonitoflocken (Seite 40) / Gegrillte Auberginen mit Ingwer (Seite 62) / Tofusalat mit Kirschtomaten (Seite 68) / Vanilleeis mit Miso-Karamell-Sauce (Seite 168)

VEGETARISCHES MENÜ Nasu dengaku (Seite 38) / Sesampastete (Seite 70) / In Butter & Knoblauch gegrillte Shiitakes (Seite 32) / Ganmodoki (Seite 26) / Süßer Tofu mit Hojicha-Sirup (Seite 194)

WOCHENENDE MIT FAMILIE Japanisches Fondue (Seite 136) / Grüne Bohnen mit Sesam (Seite 66) / Japanischer Reis (Seite 208) / Japanische Eiersuppe (Seite 76) / *Senmaizuke* (Rübenpickles, Seite 184)

REGISTER

DANKSAGUNGEN

Zunächst einmal möchte ich meine tiefe Dankbarkeit gegenüber Catie Ziller ausdrücken, die mir die Chance gab, dieses Buch zu schreiben. Danke dafür, dass sie das ganze Team auf den richtigen Weg gebracht hat.

Dank auch an Lisa Linder, die dieses Abenteuer mit mir geteilt hat. Ihre unerschöpfliche Energie und ihre Kreativität haben mich immer wieder neu inspiriert. Vielen Dank für die herrlichen Kirschblütenfotos. Sie sind wunderschön!

Ich danke Giovanna für ihre Unterstützung, Disziplin und Organisation. Ihre Energie und ihr Optimismus haben eine entspannte Arbeitsatmosphäre geschaffen. Danke, dass wir deine wunderbare Küche zu einem Kochstudio machen durften. Dank auch an die Familie Torrico, Salvatore, Mario, Andrea und Luca (und ihre Freunde, allesamt große Liebhaber von Computerspielen, die uns oft zum Lachen brachten). Ihr habt das »Chaos«, das wir in eurem Haus verursacht haben, klaglos akzeptiert.

Dank an Michelle Tilly für ihre Kreativität, mit der sie die zahlreichen Änderungen auf unseren Wunsch hin ausgeführt hat.

Ich danke auch Abi Waters für ihre redaktionelle Unterstützung und dafür, dass sie auch unsere kurzfristigsten Anfragen erfüllt und immer einen Weg gefunden hat, meine Rezepte leicht und verständlich zu machen.

Charlotte, Nicola, Jess und Shambala, meine geduldigen Testesser, danke, dass ihr mir in meiner winzigen Küche Gesellschaft geleistet habt.

Tai, du warst mein bester kulinarischer Tester, mein konstruktivster Kritiker und mein Lektor. Danke für deine Ermutigungen, ohne dich hätte ich dieses Projekt nie vollenden können.

Schließlich hätte ich dieses Buch ohne meine Familie und meine Freunde, die mich auf dem ganzen Weg unterstützt haben und mir mit guten Ratschlägen zur Seite standen, nie vollenden können. Dank auch an meinen Vater, von dem ich gelernt habe, wie wichtig es ist, auf die Qualität der Zutaten zu achten. Meiner Mutter und Großmutter dagegen verdanke ich die Fähigkeit, auch mit einem sehr aktiven Leben eine Familie zu ernähren und für meine Familie im besten japanischen Sinne zu kochen.

Die in Japan gebürtige **Aya Nishimura** lebt in London. Seit mehr als 10 Jahren schreibt die gelernte Foodstylistin Kochbücher. Sie entstammt einer Familie mit zahlreichen Köchen und Restaurantbesitzern. So interessierte sie sich schon früh für die Gastronomie, die Zubereitung und Ästhetik von Gerichten.

Nach ihrem Abschluss an der *Leiths School of Food and Wine* wurde Aya zu einer sehr bekannten Foodstylistin. Sie arbeitet für verschiedene Verlage und internationale Zeitschriften, wie *Monocle*, *The Guardian*, *The Telegraph* und *Food and Wine magazine*. Heute ist sie auf zahlreiche internationale Küchen spezialisiert. Dennoch spürt man bei Aya immer die Eleganz der japanischen Küche, die ihre Liebe zur Gastronomie einst begründet hat.

Sie findet ihre Inspiration auf zahlreichen Reisen, auf denen sie neue Küchen entdeckt und sich auf dem Weg typische Arbeitsweisen und Küchengeräte aneignet.

DK | Penguin Random House

Für die deutsche Ausgabe:
Programmleitung Monika Schlitzer
Redaktionsleitung und Projektbetreuung Anne Heinel
Herstellungsleitung Dorothee Whittaker
Herstellungskoordination Ksenia Lebedeva, Isabelle Stei
Herstellung Jenny Kolbe

Übersetzung Annette Ostlaender
Lektorat Eva Dotterweich, www.textatelier-dotterweich.de

Titel der französischen Originalausgabe: Cuisiner Japonais

Der Originaltitel erschien 2018 in Frankreich bei Hachette Livre (Marabout), Vanves Cedex.

ISBN 978-3-8310-3852-7

Druck und Bindung Gráficas Estella, Spanien

www.dk-verlag.de

MIX
Papier aus verantwortungsvollen Quellen
FSC www.fsc.org FSC® C009279